新知识大揭秘

存的哲思

李广平 ◎ 编写

图书在版编目（CIP）数据

生存的哲思 / 李广平编. -- 长春：吉林出版集团股份有限公司, 2019.11（2023.7重印）
（全新知识大揭秘）
ISBN 978-7-5581-6292-3

Ⅰ. ①生… Ⅱ. ①李… Ⅲ. ①哲学 – 中国 – 少儿读物 Ⅳ. ①B2-49

中国版本图书馆CIP数据核字（2019）第003229号

生存的哲思
SHENGCUN DE ZHESI

编　　写	李广平
策　　划	曹　恒
责任编辑	李　娇　王　宇
封面设计	吕宜昌
开　　本	710mm×1000mm　1/16
字　　数	100千
印　　张	10
版　　次	2019年12月第1版
印　　次	2023年7月第2次印刷
出　　版	吉林出版集团股份有限公司
发　　行	吉林出版集团股份有限公司
地　　址	吉林省长春市福祉大路5788号 邮编：130000
电　　话	0431-81629968
邮　　箱	11915286@qq.com
印　　刷	三河市金兆印刷装订有限公司
书　　号	ISBN 978-7-5581-6292-3
定　　价	45.80元

版权所有　翻印必究

QIANYAN 前言

生存的哲思，如同一句好诗。好诗，往往意在言外，"言有尽而意无穷"。生存哲思，也常常意味着"柳暗花明又一村"的境界，存在于潜意识之中，支配着人生的方向。因此，我们需要思考，对自己的人生进行反思。对的选择，需要反思；错的选择，更需要反思。怎样让思考成为人生中的挚友，先哲给了我们许多有益的人生启示。佛祖释迦牟尼认为，人生就是苦难的根源。哲学家柏拉图说，身体是灵魂的监狱。儒家孔子言："知者乐水，仁者乐山。知者动，仁者静。知者乐，仁者寿。"老子则认为："祸兮，福之所倚；福兮，祸之所伏。"庄子的观点更是超然，他认为"天人合一"是人的努力目标，为做到这一点，人需要对存在的事物有更高一层的理解，由此得到的快乐才是"至乐"。

哲学对于每个人的存在都是必需的，因为人类天性之中就有一种哲学的倾向——每个人内心都希望自由，能够做自己，摆脱各种限制与压力，越来越感受到作为一个人的喜悦。人必须作为一个在时空中的完整性的经验存在，他才有可能进行认识论的思考怀疑、分析推导，并建立起认识论的系统。笛卡儿是认识论转向的积极提倡者，但他本人也并没有彻底否认人的生存论意义上的存在。首先因为笛卡儿是生存论意义上完整的存在，然后他才有可能做"我思故我在"的哲学推演。正因为我们存在，所以我

前言 QIANYAN

们才有可能进行认识活动，才能将自己与认识的对象分离开来。既然存在是先于认识的，那么从认识论的层面我们不可能揭示或彰显人的存在的本来状态，而只能必然地扭曲或肢解人的完整性，导致带来数不清的烦恼、困境、问题。

从根本上说，人的存在就是一个如何看待人与自然、人与社会的关系问题，是哲学问题。反过来，哲学是从人与自然、人与社会的双重关系中关注人本身的，是从人的活动及其规律中去把握人以及人与世界的关系的，是对人的终极存在和现实价值的双重关怀。从人作为认识与实践活动主体角度出发，生存哲学认为，我们在认识与实践领域遇到的一切问题，从本质上讲，都是人、自然与社会存在本质属性的反映，即人的存在本质是决定问题产生的最终。

生存论意义上的人或存在是在特定的时间和空间内存在的个体，他们具有真实性、生动性、经验性，他们就是具有特殊性的个体。但这样的个体之间并不是分离或隔离开来的，而是处在一种相互渗透、普遍联系的整体之中。于是，海德格尔说道：此在是"在世界之中存在"。这实质说的是人源自世界，居于世界之中，依赖于世界，融入世界之中。因此，人的存在与世界万物是一种浑然一体的关系。

第一篇　人性的思考

2　人类从何处来
3　永恒的追问——人是什么
4　人性
5　人性论
6　性相近，习相远
7　人皆自为
8　孟子的性善论
9　荀子的性恶论
10　人之性也善恶混
11　性三品说
12　怀疑学派和怀疑主义
13　伊壁鸠鲁和伊壁鸠鲁学派
14　奥古斯丁主义
15　人是天生的社会动物
16　我思故我在
17　人是环境和教育的产物
18　伏尔泰的人性论
19　唯意志论
20　唯我论
21　加缪的观点
22　功利主义
23　宿命论
24　幸福论
25　利己主义
26　利他主义
27　合理利己主义

目 录 MULU

- 28　快乐主义
- 29　悲观主义
- 30　淑世主义
- 31　尼采
- 32　天人合一
- 33　天人交相胜
- 34　需要五层次理论
- 35　意识
- 36　庄子的人道观
- 37　见素抱朴，少私寡欲
- 38　万物皆备于我
- 39　人格和性格
- 40　理性
- 41　本我·自我·超我
- 42　理性主义
- 43　弗洛伊德主义
- 44　直觉主义
- 45　法国的思想启蒙运动
- 46　文艺复兴
- 47　启蒙运动
- 48　人道精神
- 49　人文主义
- 50　存在主义
- 51　实用主义
- 52　奥地利学派
- 53　人格主义
- 54　法兰克福学派
- 55　无意识

MULU 目录

第二篇　人生的价值

58　人的全面发展
59　周公制礼——"礼"之起源
60　万世师表——孔子兴办教育
61　有教无类
62　三纲八目
63　内圣外王
64　天不变道亦不变

65　人伦
66　三不朽
67　四书五经
68　三字经
69　断机教子
70　科举制度
71　八股文
72　饿死事小，失节事大
73　有则改之，无则加勉
74　见贤思齐

目录 MULU

- *75* 人皆可以为尧舜
- *76* 勿以恶小而为之,勿以善小而不为
- *77* 天行健,君子以自强不息
- *78* 富贵不能淫,贫贱不能移,威武不能屈
- *79* 言必行,行必果
- *80* 严于律己,宽以待人
- *81* 穷则独善其身,达则兼济天下
- *82* 业精于勤荒于嬉,行成于思毁于随
- *83* 温良恭俭让
- *84* 不为五斗米折腰 
- *85* 天下为公
- *86* 吾日三省吾身
- *87* 得道多助 失道寡助
- *88* 满招损,谦受益
- *89* 不以规矩,难以成方圆
- *90* 己所不欲,勿施于人
- *91* 生于忧患,死于安乐
- *92* 取义成仁
- *93* 忠恕

MULU 目录

- 94 慎独
- 95 中庸之道
- 96 和为贵
- 97 少壮不努力，老大徒伤悲
- 98 先天下之忧而忧，后天下之乐而乐
- 99 天下兴亡，匹夫有责
- 100 集体主义
- 101 个人主义
- 102 民族尊严
- 103 爱国主义
- 104 大禹治水
- 105 祖冲之求圆周率
- 106 尽忠报国
- 107 不指南方不肯休
- 108 文姬归汉
- 109 吉鸿昌恨不抗日死
- 110 饿死不领美国救济粮的朱自清
- 111 一品宰相
- 112 "为中华之崛起而读书"
- 113 陈毅写诗律己
- 114 爱国之心
- 115 蓄须明志
- 116 一定要为中国人争气
- 117 可爱的中国
- 118 主人翁精神
- 119 白求恩
- 120 雷锋精神

目录 MULU

- 121 为人民服务
- 122 社会公德
- 123 道德责任和道德义务
- 124 公民
- 125 纳税意识
- 126 民族的脊梁——鲁迅
- 127 审美教育
- 128 美与丑
- 129 认识你自己
- 130 清洗你的灵魂
- 131 知识就是力量
- 132 人生的目的是自我实现
- 133 忘我精神
- 134 地球还是在转动
- 135 科学的殉道者
- 136 鲜花广场上的真理追求者
- 137 把奖牌当作玩具的居里夫人
- 138 诺贝尔奖
- 139 南丁格尔奖
- 140 爱迪生的故事
- 141 良心
- 142 荣誉
- 143 节操
- 144 同情
- 145 责任
- 146 友谊
- 147 勇敢
- 148 诚实
- 149 信仰

第一篇
人性的思考

古希腊有一句至理名言:"认识你自己!"认识自己绝对不是一件简单的事情,对一个人而言是这样,对于整个人类而言也是这样。没有谁可以掌握所有的真理,因为正是在追问和思考当中,我们一点点地接近真理。没有绝对的答案,也没有永恒的真理,只有永恒的追问和思考。

人类从何处来

人类从何处来？千百年来，人们一直在不停地追问这个问题，关于它，有着许多美丽的传说。而马克思第一次用哲学阐释了：人，是地球上生命有机体发展的最高形式，是在劳动的基础上形成的社会化的高级动物，是社会历史活动的主体。人是由古猿进化而来的：面对环境和生存的压力，古猿不得不改变其祖先的生活方式，学会了直立行走，学会了制造和使用劳动工具，学会了语言，有了抽象思维，最终使猿变成了人，劳动在这里起了决定性的作用，这是人区别于其他动物的根本特征。人是社会的产物，既是自然界的改造者，又是人类历史的创造者。

永恒的追问——人是什么

这是一个古老的命题,整个哲学史就是围绕这个问题展开的。人被宣称为应当是时时刻刻不断探究其生存状况的存在物。不同时期人们的回答各异:"人是理性的存在物""人是上帝的奴仆""人是进化的动物""人是符号的动物",马克思把人定义为"就其现实性来说,人是一切社会关系的总和"。对这个问题之所以有不同的回答,是因为世界起源问题与人的起源问题难分难解地交织在一起,人们对世界的起源有不同的理解,导致对"人是什么?"有了不同的答案。随着社会发展和科技进步,人们对"人是什么?"这个问题还会追问下去。

人性

人性是人区别于其他动物的共性。人是由动物进化而来的，有自然属性，人的肉体组织决定人有吃、喝、性行为等机能和欲望。但是人更是社会的产物，人区别于动物并之所以成为人的本质在于人的社会性。人在改造自然和社会的实践中，必然形成一定的社会关系，人性就是由社会关系所决定的，既是现实的一切社会关系相互作用的结果，又是社会关系的综合体现。社会关系随着生产力的发展而不断改变，现实的人性也在不断演变。正如马克思所说的，整个历史也无非是人类本性的不断改变而已。

人性论

人性论是指关于人的本质或本性的基本看法和相应学说。在中外哲学史和伦理学说史上，长期存在着关于人性问题的争论，主要集中于两个论题：人性的根源和人性的善恶。在根源问题上，有人认为是由某种超人类的力量所赋予的；有人则认为是人自身所固有的"自然本能"或"自我意识"。在善恶问题上，有性善说、性恶说、性无善恶说、性有善恶说等不同看法。这些学说都脱离了人类的具体历史和社会关系，把人作为抽象且孤立的个体来探讨人性，因而是不科学的。人性及其善恶是具体的历史范畴，在不同的历史条件下包含着不同的社会内容。

性相近，习相远

"其性相近，习相远"，是孔子有关人性的基本看法，语见《论语·阳货》。在中国思想史上，孔子是第一个讲"性"的人，但是他并未涉及性的善恶问题，只是说，人的天性都是相近的，只是后天的"习"即后天的社会环境和教育造成了人的差别。作为教育家的孔子，看到了人类的可塑性，提出"性相近，习相远"的思想勉人为善。孔子主张"性相近"，隐含了承认人性原初形态上的同一性，但他也曾说过："唯上智与下愚不移"，意思是说，人的品质分三等，只有上、下两等是不可改变的，似乎又有性品说的倾向，这一矛盾说明了孔子在人是否存在统一本质这一问题上还没有系统明确的认识。

人皆自为

这是战国时期法家的人性理论,意即人皆利己。法家创始人之一慎到首先提出:"人莫不自为也。"韩非继而做了系统的阐发。他认为,凡人"皆挟自为心也",人们所作所为都是利己的,致使人人"异利",互以"计算之心"相待;人与人之间完全是赤裸裸的利害关系,不是买卖交换,就是互相篡夺。韩非指出,"自为心"是人的自然本性,不具有"仁"或"贼"的道德意义,而且不可改变。人不会"去求利之心,出相爱之道",自愿地行善。法家根据这一理论揭露了儒家宣扬仁义道德的虚伪性,并论证了"赏罚可用",进而得出了"不务德而务法"的结论。

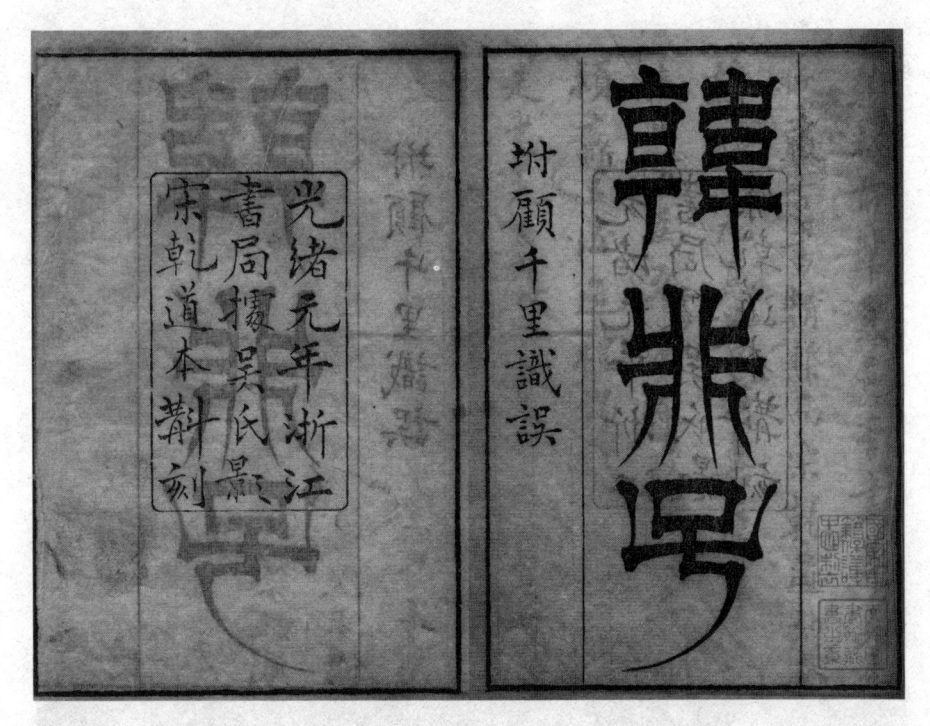

孟子的性善论

  中国思想史上以善恶论人性始于孟子。孟子主张性善论,认为天赋人性有恻隐、善恶、辞让、是非之心,并认为这"四心",亦即所谓"良心",便是仁、义、礼、智的萌芽,即"四端"。孟子把性善看作人之所以为人、人之所以异于禽兽的特殊本质。孟子认为具备仁义是人天生的禀赋,但是在人的本性中只是开端、萌芽,并不等于善的完成。只有少数人能够保持这种禀赋,所以他强调环境和教育在道德品质形成过程中的作用。孟子的性善论是一种先验的唯心论,宋代以后,为理学所继承,成为占统治地位的人性学说,在中国古代哲学史上有重要的地位。

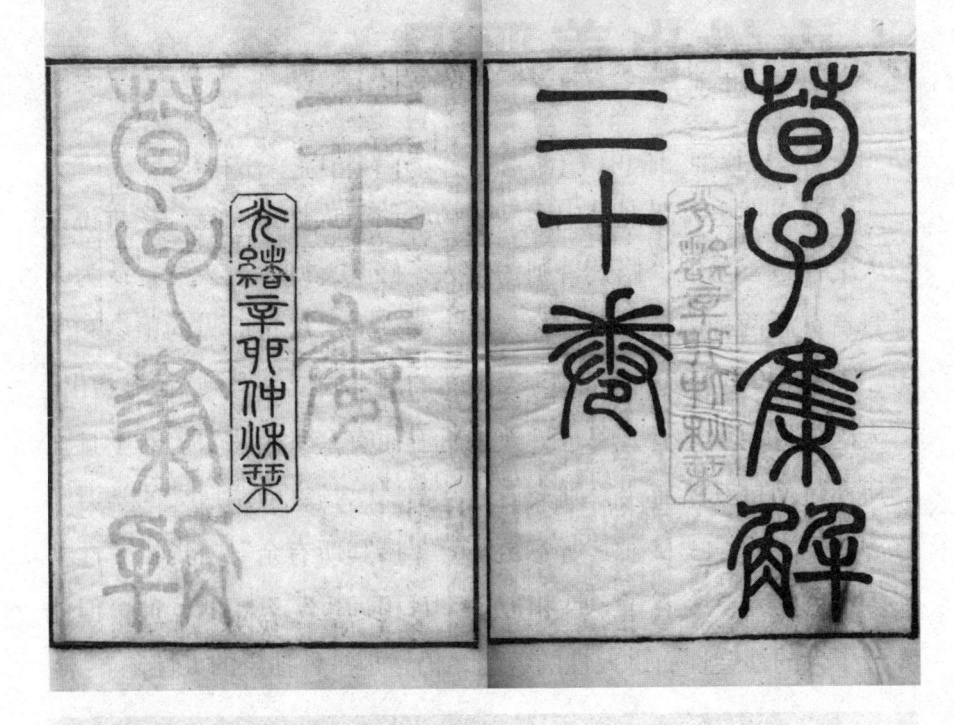

荀子的性恶论

荀子提出"人之性恶,其善者伪也"的著名论点,是性恶论。他认为"好利""疾恶""好声色"是人的自然情欲,是人的天性,善的道德意识是后天人为加工的结果。荀子强调"性伪之分",认为人的自然本性和社会形成的道德规范是对立的。荀子注重对人性的改造,提出了"圣人化性而起伪"的观点,并认为"涂之人可以为禹",人人都有改变本性、成为"圣人"的可能性。理想人格的形成是"起于变故,成乎修为",即从改变自然本性开始,不断努力于伦理道德的实践。这种人性改造论为确立封建的伦理道德和社会秩序提供了理论依据。

人之性也善恶混

人之性也善恶混是中国汉代扬雄关于人性的观点。扬雄说："人之性也善恶混，修其善则为善人，修其恶则为恶人"，认为人性具有善恶两种因素，它们都是与生俱来的，经过后天的熏染和学习，发展善的因素则成为善人，发展恶的因素则成为恶人。扬雄指出："人之所好而不足者，善也；人之所丑而有余者，恶也。君子日强其所不足而拂其所有余，则玄道之几矣。"扬雄强调后天的学习和修养，要求君子"日强其所不足"，"拂其所有余"。扬雄"性善恶混"的观点是对孔子"性相近也，习相远也"思想的延伸，但他离开了人的社会性而讲人性的善恶，仍然是一种抽象的人性论。

性三品说

"**性**三品说"是中国古代一种关于人性的学说。性三品之说受孔子"唯上智与下愚不移"的先验论影响。西汉董仲舒结合天人感应说,提出人性有上、中、下之别的观点。他认为上等的"圣人之性"先天就是善的,不需教育;下等的"斗筲之性"是经过教育也难以转化为善的;只有"中民之性"可以改变其本性,需要教育,而君王承天命,教育人民养成善德。董仲舒以后,韩愈明确提出:"性之品有三,……上焉者,善焉而已矣;中焉者,可导而上下也;下焉者,恶焉而已矣。"韩愈的"性三品"说和董仲舒的观点一致,都是封建等级关系在理论上的反映,是为封建伦理辩护的。

怀疑学派和怀疑主义

怀疑学派是欧洲希腊时期的重要哲学派别，因其创始人为皮浪，故又称皮浪学派。其基本观点是：事物是否存在，是什么样子，能否被认识，我们都不知道，甚至不知道自己是否知道。这种观点从认识论入手，但其目的是使人对一切不置可否。实现麻木不仁的"不动心"，从而获得心灵的安宁。怀疑主义是古代关于认识的观点的最后归宿，是从认识论上对古代哲学的总结，他破坏了理性的权威，为神秘主义打开了门户。

伊壁鸠鲁和伊壁鸠鲁学派

伊壁鸠鲁是古希腊著名的唯物主义哲学家和无神论者,继承和发展了德谟克利特的哲学,建立起一个思想上统一的完整体系。伊壁鸠鲁认为,哲学的任务是研究自然的本性,破除宗教迷信,分清痛苦和欲望的界限,以便获得幸福生活。伊壁鸠鲁认为快乐是生活的目的,是天生的最高的善。人最大的痛苦是对神灵和死亡的恐惧,因此解除对神灵和死亡的恐惧,节制欲望,审慎地计量和取舍快乐与痛苦,达到身体健康和心灵的平静是生活的目的。伊壁鸠鲁的学说被他的历代弟子奉为必须遵守的信条,伊壁鸠鲁学派作为最有影响的学派之一也一直延续了4个世纪。

奥古斯丁主义

奥古斯丁主义认为人是物质世界中最高的创造物,是由灵魂和肉体两种实体组成的。灵魂近似于神,是单纯的非物质的精神实体。灵魂是指导和形成肉体的基质,是肉体的生命。本质上,灵魂是追求至真至善的神。但是,由于人背离神,无视精神生活,贪图物质享受,败坏本性,因此人不能不犯罪。然而,由于灵魂的本性,人依然逃避不了回归于神的最终目的。由于神的至善,人依靠神的神恩帮助,通过基督降生代人赎罪,能够恢复本性。总之,奥古斯丁主义蔑视人的自由意志,主张神的预定论,宣称神和自我不是理性所能全部理解的,只有信仰才能理解。

人是天生的社会动物

这是亚里士多德著名的命题:"人类自然是趋向于城邦生活的动物。"他的意思是说,人按本性要求必须过城邦生活,只有通过城邦生活,人的本性才能够实现。人类天生是合群的动物,必须过共同生活。人类的目的是实现所谓三种善业,即物质的满足、身体的健康和良好的道德,其中良好的道德即心灵的善是最本质的。人只有实现了灵魂的善才真正有别于动物,才实现了人的本质。任何孤立的个人和小规模的团体如家庭、村社、部落都不能使人实现这三种善业,只有城邦能做到这一点。正是从这个意义上说,人是天生的社会动物,人必须过城邦的生活。

我思故我在

"**我**思故我在"即心灵实体是存在的基础,是笛卡儿全部哲学的第一原理。笛卡儿认为可以怀疑一切,但有一件事却是无可怀疑的,即"我怀疑"。我怀疑也就是我思想。既然我思想,那就必定有一个在思想的我,即"思想者"。"我"的本质是思想,又称为"灵魂",是认识的主体,是精神实体。他提出"我会怀疑,而怀疑不如认识那样完满,因此我的存在是不完满的、有限的",但是心中有一个最完满的上帝的观念,不完满的我不能是这一观念的原因,它只能来自最完满的上帝本身,所以说上帝存在。承认心灵和物质各自的独立性,这是典型的二元论。

人是环境和教育的产物

这是18世纪法国唯物主义哲学家爱尔维修提出的命题，其含义是：人的道德的好坏和才智的高低不是先天的，而是由后天的社会环境和教育决定的。在爱尔维修看来，自爱自保是人的自然本性，这种自然本性无所谓善恶，只有在不同的社会环境中才变成向善向恶的道德品质。社会环境主要是指社会的政治制度和法律制度，它们对人的精神和道德面貌具有重大的影响：好的政治法律制度应适应人的本性，奖励美德，惩治恶行，因此引导人的品德向善发展，反之则使人向恶。所以全民的美德要靠政治法律制度的完善，而政治法律制度的完善又要靠人类理性的进步。

伏尔泰的人性论

伏尔泰从抽象人性论出发，认为人都是要追求幸福的，而幸福来自身外的物质享受，因此人必然具有强烈的倾向：喜爱统治、财富和欢乐。而这种自爱心、追求快乐和自我保存的欲望只有在人际关系中才能得到满足。因此，自爱助长了对他人的爱，形成了爱他人之心，从而构成了人类的社会基础。伏尔泰认为，在人的双重本性之中，自爱心是极其强烈的，利己心往往会压倒利他心。所以，人必然是善与恶、快乐与痛苦的混合物。只有依据自然法，即普遍的道德律建立起良好的社会制度和法律制度，才能改进人的自爱心，在增进他人和社会的利益中增进个人利益。

唯意志论

唯意志论是一种主张意志是宇宙的本体、意志高于理性的唯心主义和非理性主义哲学。它片面夸大情感意志的作用，把情感说成世界的本质或本体。唯意志论产生于19世纪20年代的德国，流行于19世纪下半期至20世纪初，主要代表人物是德国的叔本华和尼采。叔本华把生活意志作为世界的本体，建立了具有浓厚的悲观主义色彩的意志主义理论体系。尼采则把权力意志看成世界的本体，建立了权力意志论和超人学说。在现代西方哲学史上，唯意志论以贬低理性和科学，抬高感情意志、本能冲动、内心体验为特征，成为现代西方人本主义各派理论的基础之一。

唯我论

唯我论是一种认为世界的一切事物及他人均为"我"的表象或"我"的创造物的哲学观点,是极端的主观唯心主义的逻辑结论。主观唯心主义者或者从个人的感觉经验出发,或者从个人的精神活动出发,把世界看作个人感知的结果或者个人精神创造的产物。这种观点认为只有自我及其意识才是唯一真实的、本原性的存在,每个人都可宣称自己是世界的创造者,是世界上唯一的实体。其代表人物如19世纪德国的施蒂纳,在其《唯一者及其所有物》中主张"唯一者"即"我"是最高的存在,它是世界的核心,万物的尺度,真理的标准,这显然是错误的。

加缪的观点

人的存在是荒谬的,这是法国哲学家加缪的观点。他认为世界是荒谬的,人生是孤独的,人的存在缺乏理性,人处于苦闷和朦胧之中。人本能地留恋和追求生活,但生活的世界对人却是格格不入的、非理性的,因而人的存在本身也是毫无意义的。"荒谬"是理性的人遇到"毫无道理的世界"之后产生的。人面对"荒谬"只有两种选择:自杀或反抗。他认为,既然世界是荒谬的,那么就要以"荒谬"即"反抗"对付"荒谬"。他强调"我反抗,因此我们才存在",认为反抗给生活以价值。不过,他所说的反抗只局限于精神和道德意识方面,其本质是极端个人主义的东西。

功利主义

　　功利主义是西方伦理学中一种以功利作为道德标准的学说，19世纪由边沁和密尔建立起系统的功利主义伦理思想体系。功利主义从自然人性论出发，认为人是自然的产物，人的本性是追求感官的快乐，逃避感官的痛苦，因而人都处于苦和乐这两个最高主宰的控制之下，苦乐既是道德的来源，又是道德善恶的标准，而且它可以被计算。功利主义以追求最大多数人的最大幸福为最高道德原则，提出为了增进个人的幸福和保证个人的利益，需要增进社会的利益和幸福。所以它又被称为"最大幸福主义"。功利主义把个人利益看作唯一现实的利益，适合于自由竞争的生产方式。

宿命论

宿命论认为人的命运和社会变化受某种神秘力量的支配。汉语"宿命"一词来自佛教典籍。"宿"指前生,"宿命"指人的今生命运是由前生所为的善恶来决定的。中国古代儒家所说的"死生有命,富贵在天",道家所说的"委天知命",欧洲古希腊罗马斯多阿学派主张的"服从命运"等思想,都是宿命论的表现。宿命论强调人们必须服从这种安排,因为任何改变现实的努力都是徒劳的。这种消极无为、听天由命的观点适合维护剥削阶级统治的需要。

幸福论

幸福论是西方伦理思想中一种以幸福解释道德的本质和目的的伦理学说。特点是把追求幸福看作道德行为的出发点和内在动力，认为幸福是唯一合乎人性需要和值得追求的，是道德的最高原则和人生的最终目的，幸福就是道德。幸福论的思想渊源可追溯到古希腊早期的思想家梭伦，其代表人物有伊壁鸠鲁等。幸福论在历史上的积极作用突出地表现为拒绝把道德和幸福对立起来，反对把幸福的获得推到虚无缥缈的"天国"或"彼岸世界"，也反对把幸福只归结为"合乎道德的思想方式"和"道德感受"，它要求实现人民的现实的幸福。

利己主义

利己主义是把个人利益置于社会整体利益之上的生活态度和行为原则,即把个人的快乐和幸福作为道德的标准,因而追求个人利益和满足私欲是一切行为的出发点和归宿。它是私有制的产物,随着私有制的变化发展出各种形式。文艺复兴时期被当作热爱自己、追求幸福的理论加以宣传,西方社会也把政治上要求自由、平等和人权,道德上满足个人利益、追求幸福作为利己的内容大加鼓吹,对反对封建主义具有一定的进步作用,但不符合我们社会主义核心价值观。

利他主义

利他主义是为他人的利益而牺牲自己的利益或者以利己为目的、以利他为手段的道德原则。最早提出这一术语并用于道德理论的是19世纪法国哲学家和社会学家孔德,后被英国实证主义哲学家斯宾塞采用并发挥。资产阶级思想家所主张的利他主义,实际上违反资本主义社会经济活动的规律及其影响下的人民以及人们的道德关系,至多不过是一种私人的慈善事业而已。在社会主义条件下,作为社会主义道德集体主义原则的组成部分,它表现为助人为乐,互相帮助的人际关系和道德行为。

合理利己主义

合理利己主义是一种从个人利益出发,企图把个人利益和社会利益结合起来的利己主义伦理学说。产生于18、19世纪欧洲资产阶级革命时期,主要代表是法国的爱尔维修和德国的费尔巴哈。合理利己主义从抽象人性论出发,认为趋乐避苦、自爱自保是人的本性,利己心不仅是合理的而且是合乎道德的。人的行为能够遵循的只有自己的利益。因此,不能放弃利己主义,而是要使人们"合理地"理解自己的利益。合理利己主义认为追求自己的利益本身就包含着社会的利益和他人的利益,人们只要按照这种"合理"理解自己的利益,组织社会,个人利益就可以和社会公共利益协调起来。

快乐主义

"**快**乐"一词原为希腊语,又译为享乐。快乐主义思想最早产生于古希腊德谟克利特的道德哲学,希腊化时期由享乐主义发展成为理论体系。后来在18世纪法国唯物主义者和英国功利主义者的伦理学说中得到贯彻和进一步发展。快乐主义的基本特点是用纯粹生物学或心理学的观点,把人仅仅看作自然的生物,把人类多种多样的、具有社会意义的需要仅仅归结为追求快乐。认为只有肉体的或心灵的快乐状态才是唯一可求的和合乎人性的,快乐就是善,是一切道德要求的全部内容和唯一目的;人类一切行为的动因都是趋乐避苦,人生的目的就在于追求快乐。

悲观主义

悲观主义认为恶是统治世界的决定力量，人生注定遭受灾难和苦恼；善和正义毫无意义，道德的价值只在于戕灭欲望。作为一种道德理论，起源于古希腊罗马时期的怀疑论和新柏拉图学派的伦理学说，在近代逐渐形成一种系统的道德哲学，其主要代表人物是19世纪德国哲学家叔本华。他认为"生存意志"必然给人带来痛苦，不幸是人生的普遍法则，悲观是人的本质；善是消极的，恶是积极的，"生存意志"使一切丧失所有价值，人生如梦，自杀是求生意志的表现。悲观主义与历史的发展和社会道德进步的客观规律相背离，其社会作用是消极的。

淑世主义

淑世主义又译为"改善观"或"改善论",是在世界发展过程中善恶关系问题上的一种伦理学说和社会学学说。淑世主义为英国女作家乔治·艾略特首次提出,后经美国实用主义哲学家詹姆斯对其做了发挥。这种学说既批判认为世界上总是善占优势的乐观主义,又否认认为世界上总是恶与痛苦占优势的悲观主义,认为对现实不能全盘肯定,也不能一概否定,应承认恶不可避免,但是人具有可塑性,经过后天环境的熏陶和教育,人能够逐步克服现实世界中的缺点,扩大善的范围,增加幸福者的数目。在社会变革问题上,淑世主义反对革命,主张渐变的改良主义。

尼采

尼采（1844—1900）是德国19世纪唯意志伦理学家，主要著作有《悲剧的诞生》《曙光》《查拉图斯特拉如是说》《权力意志》等。他的思想主要有两点：一是"追求权力意志是生命的普遍规律和道德的最高目的"；二是"重估一切价值"。他认为过去流行的道德不外两种：奴隶道德，以恻隐之心为基础，主张仁爱、和平、正义、平等，保护在生存竞争中的弱者，因此是有害的，应该抛弃；而贵族道德，主张刚强、残忍、强暴、仇恨，这是真正的道德，因为强就是善，弱就是恶，人生的目的就是发挥权力意志，扩张自我，做超出群众之上的"超人"。这些思想是典型的非道德主义和非理性主义。

天人合一

天人合一是中国古代哲学中关于天人关系的一种观点。强调天与人的关系紧密相连，不可分割。这种观点萌芽于西周时期的天命论。战国时期，孟子和庄子从不同的角度发展了这种观点。孟子认为，人之所以为天下贵，就在于人之心性与天相同。汉代董仲舒明确提出"天人之际，合而为一"。宋代以后，天人合一的观点几乎为各派哲学家所接受，由于解释不同，其中所表现的哲学思想也不同。天人合一强调人和人伦道德的根源和根据在于天，人伦道德具有宇宙的意义。天人合一的思想充分显示了中国哲学思想的人文趋向，中国哲学从此沿着这条道路继往开来。

天人交相胜

天人交相胜是中国唐代刘禹锡关于"天人关系"问题的著名观点,其含义是:自然界("天")和人类社会各有自身的规律,它们的作用也不相同,有时人胜天,有时天胜人。天的规律是强者制服弱者。人的主要作用在于"法制",人类社会的特色是规定"是非"的标准,按标准行动赏罚分明。社会安定,是非分明,赏罚合乎标准,人生的准则发生效力,是"人理胜",反之则"天理胜"。刘禹锡以此证明天不能干预人的"治乱",人也不能干预天的"寒暑"。刘禹锡初步认识到人类社会和自然界的联系和区别,对古代天人关系学说作出了理论贡献。

需要五层次理论

这是美国心理学家 A. 马斯洛提出的一种需要理论，认为人的需要或动机可以分为五个层次：生理需要，是维持个体生存和种系发展的一种基本需要，诸如对食物、空气、温度、配偶等的需要；安全需要，指如果生理需要相对满足了，就会出现一组安全的需要；爱的需要，假如生理需要和安全需要都很好地满足了就会产生爱、情感和归属的需要；尊重需要，指社会上所有的人都希望自己有稳固的地位，希望得到别人的高度评价，需要自尊，或为他人所尊重；自我实现的需要，是促使自己的潜在能力得以实现的趋势。这五种需要互相联系，排列成一个金字塔形。

意识

意识是与物质相对应的哲学范畴，是与物质既相对立又相统一的精神现象。意识对物质的关系问题是哲学的基本问题。哲学家依照他们对哲学基本问题的不同回答，对意识也有不同的理解。马克思主义哲学揭示了意识的本质，认为意识是高度组织起来的物质，即人脑的机能和属性，是社会的人对客观存在的高级心理反应形式。从内容来说，意识是被意识到的存在，是客观存在的主观印象。意识的产生摆脱不了语言这一物质外壳。但意识又对存在具有反作用，意识表现为个人意识和社会意识，它们都由人们的社会存在所决定，都具有社会性。

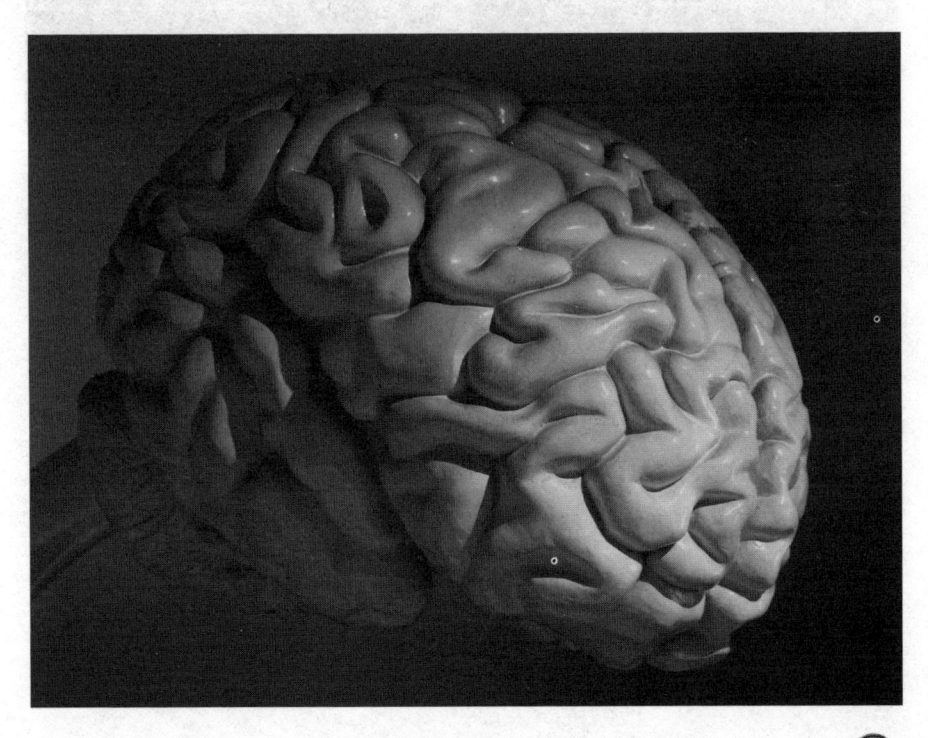

庄子的人道观

在天人之辩中有关人的这一方面，庄子强调用自然的原则反对人为。他说："牛马四足，是谓天；落马首，穿牛鼻，是谓人。故曰：无以人灭天，无以故灭命，无以得殉名。"人真正的自由在于任其自然，具备了理想人格的人就是无条件地与自然为一的"至人"。庄子观点有两重性：一方面要人完全顺从自然命运的安排，这是一种乐天安命的宿命论；另一方面也包含着人只有遵循自然规律而活动才会感受到自由的合理因素。

见素抱朴，少私寡欲

见素抱朴，少私寡欲是老子的一个著名论题，出自《老子·十九章》："绝圣弃智，民利百倍；绝仁弃义，民复孝慈；绝巧弃利，盗贼无有。此三者以为文不足。故令有所属：见素抱朴，少私寡欲，绝学无忧。"老子认为抛弃了聪明智慧，人民就会得到百倍利益；消除了仁义道德，人民就会有父慈子孝的品德；否定了技巧私利，盗贼也就不会有了。为了更好地治理人民，统治者应该使人们着意于"素朴"，少有"私欲"，不求知识，这样，就没有忧患了。上述看法，既有愤世嫉俗的思想，也有切中时弊的一面。但是老子这种消极的处方是不可能医治当时社会的病态的。

万物皆备于我

孟子论道德修养的一种境界，出自《孟子·尽心上》："万物皆备于我矣。反身而诚，乐莫大焉。强恕而行，求仁莫近焉。"意思是说，对于道德的修养，一切条件在他那里都具备了。不论什么情况，只要反问自己，如果已经做到了"诚"，诚心就没有比这更大的快乐了。只要能够按照恕道去做，求"仁"的境界没有比这更近的了。

人格和性格

人格和性格是个不同的概念。人格是指个体特有的特质模式及行为倾向的统一体,又称个性。人格一词来自拉丁文 persona(面具)。把面具指义为人格,实际上说明了人既有表现于外、给人印象的特点,也有某些外部未必显露的东西,这些稳定而又异于他人的特质模式,使人的行为带有一定的倾向,表现了一个由里及表的包括身与心在内的、真实的个人——人格。性格是人对现实的态度和行为方式中比较稳定的心理特征的总和。诸如诚实或虚伪,自豪或自卑等。性格和气质以及能力都是个性的不同侧面。

理性

理性指理智上控制行为的能力。新兴资产阶级针对以神为中心的神学历史观,提出了以人为中心的人性论历史观。反对用"神意"解释历史,主张在对永恒的真理和正义的认识中寻找社会变迁和政治变革的终极原因。它以不变的人性为衡量历史进步的尺度,把理性即是人们对自己本性的理解看成社会发展的动力。按照这种观点,只要某个天才的理性发现了人的永恒本性,制定出符合人性的完善法律,合理的社会制度就能建立起来。黑格尔则把历史基础归结为"理性""精神"。在他看来,"精神"是早已潜伏着的终极目的,世界历史不过是这一目的的实现。

本我·自我·超我

弗洛伊德把"个体心灵"划分为"本我""自我""超我"三个领域。"本我"只根据"快乐原则"追求直接性欲的满足;"自我"以"现实原则"为指导,并必须按本我的意志行事;"超我"根据"至善原则"指导自我,限制本我,以达到自我理想的实现。弗洛伊德把人类最早的道德描写成由原始人的"俄狄浦斯情结",即男孩恋母仇父的情感因素所引起的悔罪感和原始禁忌,后来它通过生物遗传和家庭教育的压抑的实验,从而形成了文明人心理的"超我",即父母禁忌、社会习俗、道德规范、宗教戒律的保持者,"超我"是"一切道德限制的代表"。

理性主义

广义的理性主义不限于认识论，在思想文化一切领域中，凡相信理性的理论观点或思想倾向都可称之为理性主义。与此相对立的是各种形式的"非理性主义"或"反理性主义"，例如神秘主义、直觉主义以及宗教迷信的思想等。资产阶级早期的启蒙思想，不论其具体的哲学观点如何，在上述意义上都可看作理性主义。在宗教神学的范围内，只承认教义或教条中合乎理性逻辑的观点，也被看作理性主义。在其他领域中，凡偏重理性或崇尚理性的观点，都称理性主义。唯理论认为万事万物的存在总有其存在的理由，原则上任何事物都是可以理解的。

弗洛伊德主义

弗洛伊德主义认为决定人的行为的不是人的意识和理性，而是人的无意识。在人的整个心理过程中，"无意识"起到决定性的作用，并以此作为解释道德问题的起点。弗洛伊德认为，人的行为的根本动机是无意识的性欲，人的一切行为无不带有性欲色彩。在他看来，性本能既是良心出现的根据，也是道德关系、道德情感的基础。他认为，人生的主要目的是由快乐原则决定的，人生的意义和最高目的是追求幸福与快乐。然而，社会道德规范压抑性欲、破坏人的幸福。因此，个人与社会是绝对对立的，社会是一种压制个性的机构，而个人具有天赋的反社会性和"破坏本能"。

直觉主义

直觉主义是一种强调直觉或直观在认识中作用的思潮和学说。它认为直觉是比抽象的理性认识更基本、更可靠的认识世界的方式。这种学说或思潮通常带有强烈的反理性主义、反实证主义和反唯物主义的倾向。直觉或直观一词来自拉丁文，意为"观看"。在哲学上，直觉指认识主体对于自身、其他心灵、外部世界以及共相、价值和真理的直接认识或获得这种认识的能力。历史上不少哲学家都重视直觉，只是到20世纪初才真正形成一种学说和思潮，其代表人物有法国的柏格森、意大利的克罗齐、德国的胡塞尔和舍勒以及英国的普利查德、卡里特、罗斯、尤英等。

法国的思想启蒙运动

"**法**国的思想启蒙运动"发生于18世纪上半叶,这时,法国正处在资产阶级革命前夜,资产阶级正在积极地准备一次伟大的反对封建专制的彻底革命。与此相应,在意识形态领域掀起了一场轰轰烈烈的启蒙运动,形成了战斗的无神论和唯物主义,为行将到来的革命制造舆论。资产阶级启蒙思想家高举"理性"的旗帜,把"理性"当作一切现存事物的唯一裁判者,理性才是"永恒的正义"。启蒙运动促进了资产阶级革命形势的发展,同时也促进了资产阶级新文化,特别是唯物主义哲学的发展。主要代表人物有培尔、伏尔泰、孟德斯鸠、卢梭等。

文艺复兴

文艺复兴是14至16世纪，以意大利为发源地，后波及西欧各国的一次资产阶级思想解放运动。自14世纪以后，随着意大利地中海沿岸佛罗伦萨城市等资本主义生产关系的产生和发展，市民资产阶级的思想代表打着复兴古代希腊罗马文化的旗帜，反对以罗马天主教教会为代表的封建统治和意识形态。他们用理论的、文学艺术的形式，倡导人文主义和人文科学，在否定教权信仰的前提下反对教会的黑暗腐朽，以便从政治上反对罗马教皇，从而形成了声势浩大的资产阶级新思潮，对后来西方道德文化和伦理思想的发展产生了深刻的影响。

启蒙运动

启蒙运动是近代欧洲文艺复兴以后又一次资产阶级的思想文化运动,是反封建、反宗教革命的理论准备。在政治思想领域,用资产阶级的自由、平等、民主和法制反对封建专制和封建特权;在道德领域,以科学和理性反对蒙昧和禁欲,以资产阶级个人主义道德观对抗腐朽保守的宗教道德理论和封建道德。培尔的怀疑论、梅叶的无神论是这一运动的先驱;伏尔泰是启蒙运动的领袖;孟德斯鸠、卢梭是这一运动的中坚力量。启蒙运动对确定资产阶级思想体系、推动反封建的革命和确立资本主义制度起了巨大作用。

人道精神

人道精神是表示人际关系中个人品性的道德用语,指日常相互关系中信守人道主义原则的道德品质,表现在尊重人,关心人,对人善意,同情和信任他人,宽宏大量,能为他人利益牺牲自己利益,同时也要求自己做到谦虚、正直、真诚。人道精神是在社会生活中养成的,不同的社会人道精神表现是不相同的。在剥削阶级占统治地位的阶级社会里,人们之间大多是不人道的。只有在社会主义社会,人道精神才真正成为人的一切生活领域所必需的道德要求。对不人道的行为要给予社会舆论的谴责,严重者还要受到党纪国法的惩处。

人文主义

　　一般把文艺复兴时期的思潮称为人文主义。它肯定和注重人、人性，要求在各个文化领域里把人、人性从宗教神学的禁锢中解放出来。其口号是："我是人，人的一切特性我无所不有。"人文主义思想包括以下几个方面：反对中世纪神学抬高神、贬低人的观点，肯定人的价值，强调人的高贵；反对中世纪神学的禁欲主义和来世观念，要求享受人世的欢乐，注重人现世生活的意义；反对中世纪的宗教桎梏和封建等级观念，要求人的个性解放和自由平等；反对中世纪教会的经院哲学和蒙昧主义，推崇人的经验和理性，提倡认识自然，造福人生。

存在主义

存在主义是现代西方哲学主要流派之一，形成于20世纪20年代的德国，创始人为德国哲学家海德格尔。存在主义代表人物还有萨特等。其根本特点在于反对以往一切从认识论角度研究世界的哲学，特别是唯物主义和传统的理性主义哲学。他们把孤立的、非理性的个人存在，当作全部哲学的基础和出发点；把外部世界看作偶然的、没有确定性的、无意义的、荒诞的，与个人相敌对和疏远的世界。存在主义宣告"我在故我思"，自称是一种以人为中心、尊重人的个性和自由的哲学。存在主义的社会影响虽然基本上是消极的，但它提出要重视和研究人的本质、人的尊严、人的自由等问题具有一定的积极意义。

实用主义

实用主义是 19 世纪末产生于美国的一个属于经验论哲学路线的派别，他们把哲学局限于经验范围，并注重"行动""生活""效果"，把知识当作适应环境的工具，把真理等同于"有用"。他们在"经验"的字眼下把价值与事实、心与物完全等同起来，认为道德也同样具有经验的性质，善、恶都是"人类经验之事"，把道德看作生物应付环境的一种活动，其根源在于人的生物本能，即人的自然本性，并把"个人今天的利益"看作道德选择的唯一根据。实用主义突出地反映了美国资产阶级急功近利的思维方式和生活方式，是美国 20 世纪以来影响最大的哲学派别之一。

奥地利学派

奥地利学派是近代资产阶级经济学边际效用学派中最主要的一个学派,产生于19世纪70年代,因其创始人门格尔和继承者维塞尔、柏姆·巴维克都是奥地利人而得名。奥地利学派的理论核心是主观价值论,即边际效用价值论。它的主要论点有:价值是主观的,是物对人的欲望满足的重要性;价值的成因是效用加稀少性,价值量的大小也只取决于边际效用的大小,与社会必要劳动无关;价值产生于消费领域,不是生产资料将其价值转移于其产品;资本和土地的收入,或是各自提供效用的报酬,或是产生于现在财货与将来财货的不同估价,与剥削劳动毫不相干。总之,它全部抹杀劳动在价值创造中的决定性作用。

人格主义

　　人格主义是现代西方宗教哲学流派之一，形成于19世纪末，一直以美国为中心，20世纪30年代出现于法国，同时期西方其他国家也有其代表，但影响不大。人格主义认为人的自我、人格是首要的存在，整个世界都因与人格相关而获得意义；虽然每一人格是独立自主的，但都是有限的，它们朝向一个至高无上的、无限的人格即上帝，上帝是每一有限人格的理想和归宿。人格是一种道德实体，其内部存在着善与恶、美与丑等不同价值的冲突，这种冲突是一切社会冲突的根源。

法兰克福学派

法兰克福学派产生于20世纪30年代的德国,是当今西方世界中流行最广,影响最大的一个"西方马克思主义"流派,因成员大多是法兰克福大学社会研究所的人员而得名。该学派认为由于科技的发展,有许多马克思主义的原理已经过时,工人阶级已经不是革命的动力,认为可以通过回到乌托邦的方式来避免马克思主义的社会主义道路,并把这种办法说成是马克思主义的现代化。实际上,这种方案并非新的道路,仍然是资本主义的道路。他们的主要思想来源:青年黑格尔派理论、存在主义、弗洛伊德的思想等。代表人物有霍克海默尔、马尔库塞、弗洛姆等。

无意识

无意识又叫"潜意识",一般指没有意识到或者虽曾有意识却又完全丧失了。无意识的情况主要有以下几种:(1)确实没有意识到,如视而不见,听而未闻;(2)曾有所意识但没有与别的意识片段联系起来,因而一过去就丧失了;(3)对个别情况的意识被组织在一较大片段的意识活动中而没有特别显示出其存在。无意识并不是心理学所特有的概念,而是为哲学、精神病学、心理病理学、法学、文艺、历史学等学科所共有。对无意识问题的研究不仅具有重要的理论意义,而且对于精神病治疗、文艺创作、生产劳动和教育实践也具有广泛的实际应用价值。

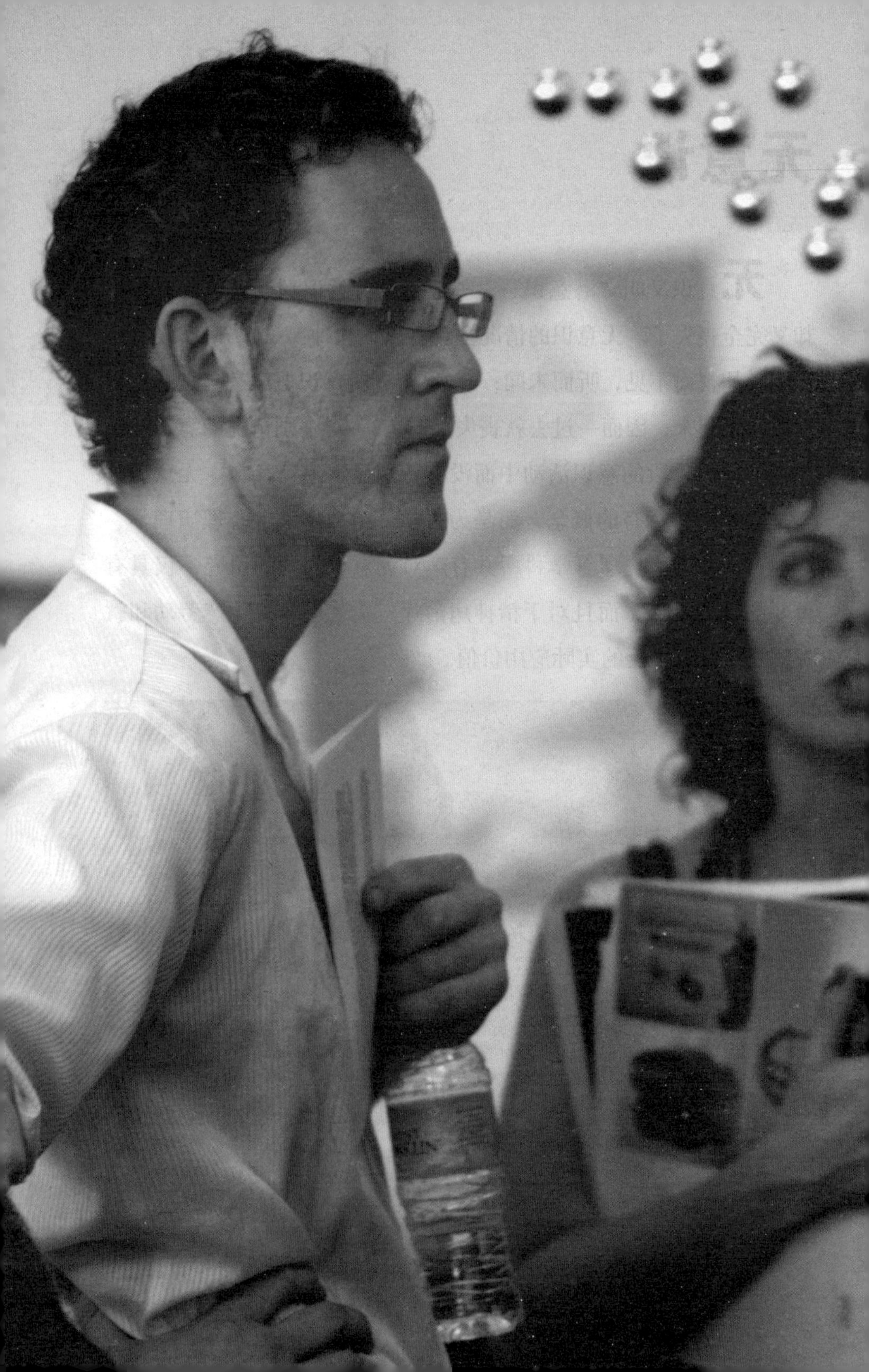

第二篇
人生的价值

人的一生应当怎样度过、人生的价值是什么？一千个读者有一千个哈姆雷特，对于这个问题，一千个人只怕也会有一千种答案。古今中外的人用他们的思考，更用他们的实际行动，为这个问题提供了他们自己的答案。

人生的价值、生命的意义，正是在永不懈怠的坚持和奋斗中凸现、升华的。

人的全面发展

人的全面发展就是克服私有制占统治地位的社会中的人的局限性、片面性，使人向精神丰富、道德纯洁和体魄健全等集于一身转化，创造性地从事思维和活动，实现一切能力和需要品格以及情趣的和谐。全面发展的人是人类自身发展的最高目标，一个全面发展的人可以在任何一个或数个劳动部门中表现自己的创造力，在何处劳动不再由于他属于某一社会集团或偶然巧合事件而决定。只有这样才能实现劳动不再是被迫谋生的手段，而是人生的第一需要。为自己工作的劳动者可以表现自己的才能，加上利用一切最新的技术文化成果，最终实现全人类的全面发展。

周公制礼——"礼"之起源

周公,西周初年政治家、思想家,姬姓,名旦。因封地在周(今陕西岐山东北)故称为周公。他辅佐周武王灭商,武王死后,成王年幼,他摄理政事,制礼作乐,建立了周朝的典章制度。他鉴于夏商亡国的教训,强调对民宽厚,用刑恰当才能保住政权,反映了对人的重视和对殷商时期一味迷信鬼神的进步。他对儒家思想的形成有很大影响,被后世统治阶级奉为理想人物。《周礼》,先秦典籍,又名《周官》,为周公所作,全书分为六部分,记述了300多种官职的官名、爵位、员数、职权,是研究古代田制、兵制、学制、刑法、祀典的重要参考资料。

万世师表——孔子兴办教育

孔子兴办教育打破了"学在官府"的旧制,开创了文化下移的新纪元。孔子不分地域、贵贱、贫富、智愚,只要诚心求教,都给予一视同仁的教育。这就突破了奴隶主贵族对文化知识的垄断,为平民求学创造了一个契机。从一定意义上说,这是对奴隶主贵族教育制度的批判和否定,为春秋战国时期的文化教育繁荣和百家争鸣局面的形成奠定了基础。它顺应时代潮流,符合广大平民的愿望和要求;扩大了教育对象的范围,为社会培养了大批有专长的人才;为社会政治经济文化的发展,各地的文化交流与融合作出了贡献。

有教无类

"**有**教无类"是孔子的教育主张，即对任何人都应给予教育。在当时的社会历史条件之下，属于进步的教育主张。对教育对象不分族类、地区、贵贱、年龄等限制，从根本上规定了孔子办私学的教育对象的范围和性质，是孔子教育实践和教育理论的重要组成部分。孔子认为，只要诚心求教、一心向学，他都热心教诲。孔子是这样说的，也是这样做的。他在创办私学、聚徒讲学的教育实践中做到了不分国别和族类、不分贵贱和贫富、不分年龄大小、不分资质高下，所有人都享有同等受教育的权利。孔子这一重要主张及其实践使平民子弟有机会接受教育，是春秋时期文化下的进步产物。

三纲八目

"三纲八目"是中国古代儒家道德修养的纲目序列。这是《大学》的主要思想,把"格物""致知""正心""诚意""修身""齐家""治国""平天下"叫作"八目";把"明明德""亲民""止于至善"叫作三纲。三纲八目可以说是儒家所提出的君子处世所要达到的崇高目标,以及达到这一目标的途径和方法。三纲八目的道德要求既包括个人修身之道,也包括社会政治之德。由求得知识到治理好家事、国事,进而明德天下,由近及远,由己及人。三纲八目是儒家政治伦理学说的主干,对后世影响极为深远。

内圣外王

"内圣外王"是儒家关于人格理想和实现王道政治理想的学说，指内有圣人的德行，对外施王者之政。这句话出自《庄子·天下篇》。后世儒者更以此相互标榜。内圣外王一词，虽最早见于道家文献，却是儒家一贯奉行的人格理想和实现王道政治的治国方略的核心思想。内圣外王之道作为一种以道德人本主义为基础的政治理想，其精神实质是将政治人格化、伦理化，把人的道德心性修养当作实现王道理想的根本前提或唯一途径。这种思想集中体现在儒家的经典著作《大学》《中庸》《孟子》和宋明理学家的语录中，并被他们加以精心论证。

天不变道亦不变

"天不变道亦不变"是西汉思想家董仲舒提出的神学道德论命题。天是指最高的人格神，"天者，百神之大君也。"道，是指封建的伦理纲常、政治伦理制度。董仲舒认为："是故仁义制度之数，尽取之于天。"天支配着整个自然和人类社会的政治伦理纲常制度，都是天的摹本和天意的表现。天是神圣的、永恒不变的，那么，封建社会的"人之道"也就具有永恒的、绝对的性质。因此他说："道之大原出于天，天不变，道亦不变。"

人伦

"**人**伦"是中国古代对人与人之间基本的道德关系及其相应的道德规范的统称。人有"五伦",指"父子有亲,君臣有义,夫妇有别,长幼有叙,朋友有信"。这是孟子在整理和总结中国以往道德关系和规范的基础上,概括的封建社会里人们之间的五种基本的道德关系,并提出相应的道德规范。中国古代许多思想家,特别是儒家,最重视人伦。据孟子说,古代设立序、庠、学校,"皆所以明人伦也"。一旦"人伦明于上,小民亲于下"就能实现国治天下平的理想社会。两千多年来中国封建统治者一直强调用它处理人们之间的关系,以维护和加强封建的宗法等级制度。

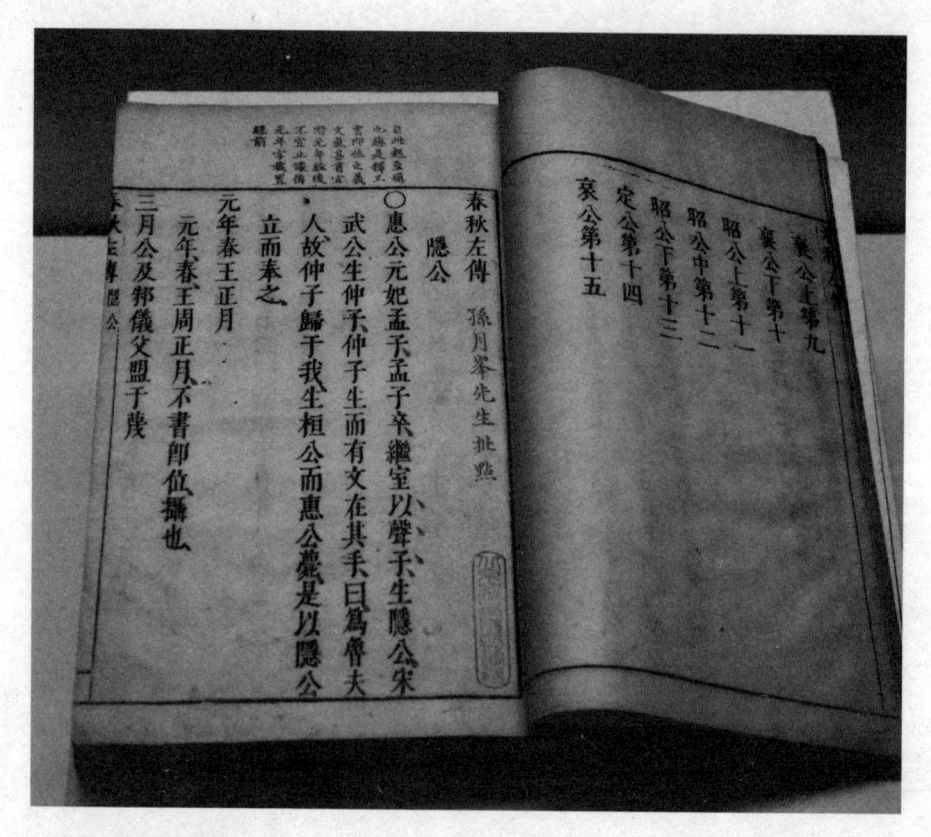

三不朽

"三不朽"是中国古代伦理学术语。语出自《左传》。鲁国大夫叔孙豹认为：对一个人来说最大的不朽是"立德"，即以高尚的品德，为后世所效法；其次是"立功"，即能为国为民立下显著的功勋，为后世所景仰；第三是"立言"，即能在理论上作出新的贡献，为后世所遵循。针对当时一些人，对什么是不朽的看法，《左传》中还指出，如果只有显赫的家族，世世代代都有高官厚禄，这并不能算作"不朽"。"三不朽"把立德放在首位，表现了中华民族向来重德的传统。

四书五经

四书是《论语》《孟子》《大学》《中庸》四部儒家经典的合称。宋代以《孟子》为尊，又以《礼记》中的《大学》《中庸》两篇，并与《论语》《孟子》配合，作为学子的必读书。南宋年间，朱熹撰写了《四书章句集注》，"四书"之名始确立。元朝时规定科举考试必须在"四书"范围内出题，发挥题必须以朱熹的注解为依据。从此，"四书"一直成为士子必读的课本。五经是《诗经》《尚书》《礼记》《易经》《春秋》五部儒家经典的合称。它保存了中国古代丰富的历史资料，是封建宗法思想的理论根据，也是古代教育的重要内容。

三字经

《三字经》是中国古代学馆使用的启蒙读本。三字一句，便于朗读和背诵。相传为宋代学者王应麟所编著，明清时期有人又做了补充。现今的版本经过章太炎的修订。《三字经》内容包罗甚广，涉及伦理道德方面。如讲"人之初，性本善"，但不加教育，就会背离善性，"苟不教，性乃迁"，所以父亲和师长要尽教育之责。以孟母择邻断杼，窦燕山教子有方等，说明教育的重要。把三纲五常作为立身的准则，把显亲扬名作为人生追求的目标，以古人刻苦求学，追求功名，终于有成的事例，勉励少年勤学上进，将来好跻身仕途、光宗耀祖。

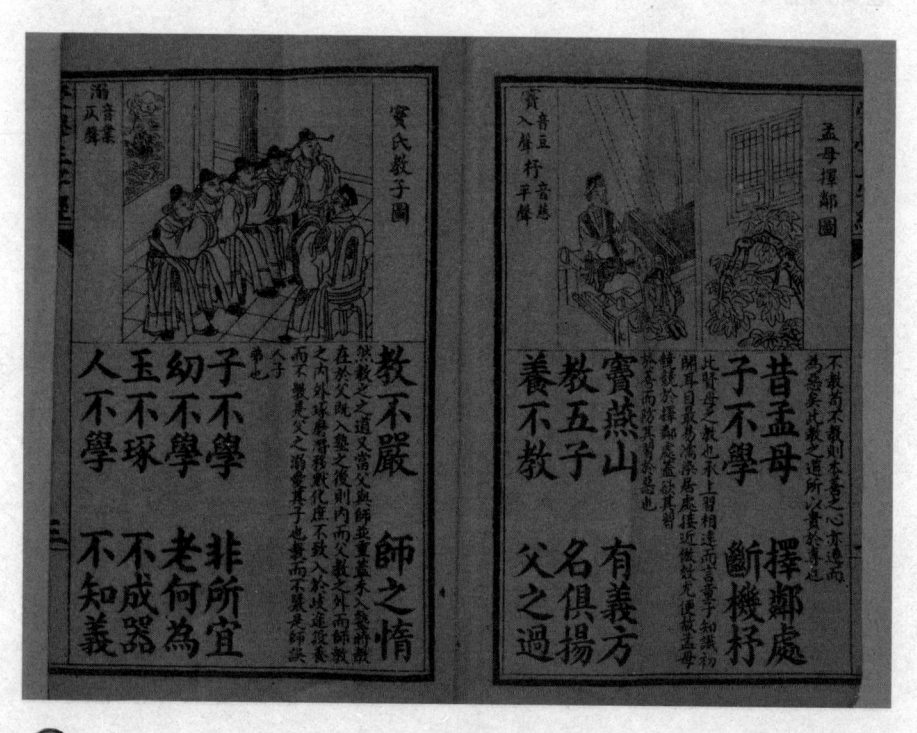

断机教子

"**断**机教子"是封建时代家庭教育中激励孩子勤学不辍的典故,事载自《列女传》。孟子年少时,学习不能持之以恒。一次,没等放学孟子就跑回家,孟母正在织帛,得知儿子中途废学,就用刀剪断正在编织的纱,孟子大为吃惊,忙问母亲为何这样做,她便因势利导地教训他说:"你读书就如我织帛一样,累丝成寸,累寸成尺,累尺成丈、成匹,才能成为有用的东西。学习也必须日积月累,才能使你成为有学问的人。如今你中途废学,就如我中途断织一样,等于前功尽弃。"自此,孟子明白了不持之以恒学习恐怕不会有所成就的道理,自觉地日夜勤学,终于成为一代名儒。

科举制度

科举制度是隋朝以后各封建王朝考试选拔官吏的制度。隋朝建立后，废除世族把持的九品中正制，隋炀帝时正式设置进士科，确立了考试选官的科举制。历代常设科目有秀才、明经、进士、明法、明书、明算六科，还有由皇帝临时出题的制度。唐朝武则天时期，亲自在殿堂策士，并创立武举科目。科举考试中进士为常设科目，考取者入仕途的机会最大，称为"白衣公卿""一品白衫"，使士人争相投考。考试科目初为策试，唐高宗时进士加考诗赋和帖经。宋以后均用经义出题。明清时规定专用朱熹《四书集注》为标准解题，答题形式也定为八股文。到1905年，科举制被废除。

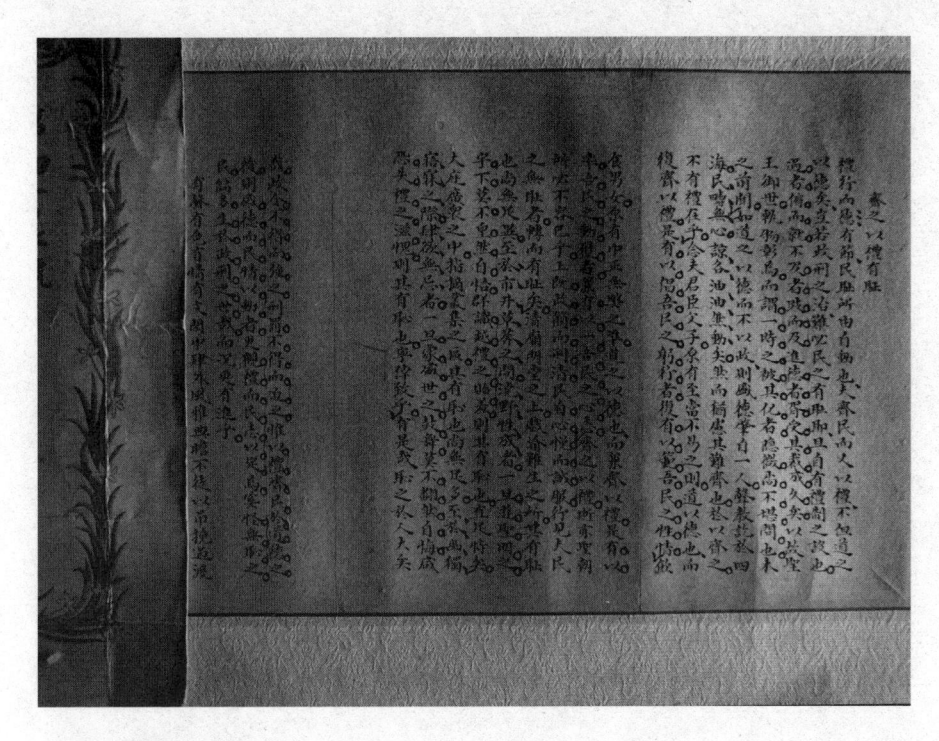

八股文

八股文也称时文、制义、制艺或举业,是明代科举考试制度所规定的文体。每篇均由破题、承题、起讲、入手、起股、中股、后股、束股八部分组成。"破题"用两句点破题目要义。"承题"是承接破题之意义而阐明题目。"起讲"是议论的开始。"入手"是起讲后开始议论。从"起股"到"束股"才是正式议论,而以"中股"为全篇的核心。各段中均有两股排比对偶的文字,故称"八股文",也叫"八比"。文章提纲摘自《四书》,论述内容以朱熹的《四书集注》为准绳,形式呆板,语调僵硬,不许考生自由发挥。八股文是束缚人们独立思考、维护封建专制统治的文化工具。

饿死事小，失节事大

"饿死事小，失节事大"是北宋时期儒家学者程颐提出的理欲观的命题。天理是指仁、义、礼、智、信等社会道德规范。所谓人欲是指物质欲求。天理与人欲作为一对范畴，最早出现于《礼记》。儒家认为，天理与人欲是对立的，人与禽兽的区别就在于能遵守社会道德规范，懂得礼义廉耻，主张用道德规范节制物质欲望。程颐把天理与人欲的对立推向极端，强调"不是天理，便是私欲"。认为人欲是造成天理不明的根本原因，并且把男女尊卑比做天理，把害怕饥饿寒冷比做人欲。"饿死事极小，失节事极大"，千百年来轻视和虐杀妇女，以"贞节"观念束缚妇女，残害了许多善良的女性。

有则改之，无则加勉

"**有**则改之，无则加勉"表示个人道德修养的命题，意指有错误就改正，没有就更加自勉。现指对别人所提的意见或建议作认真的自我检查，有缺点、错误就坚决改正，没有就用以自勉，是对待批评和错误的正确态度。有则改之，无则加勉的道德意义在于培养一种品格和境界。有了缺点错误，不回避、不隐藏，而是积极改正，体现了正直无私、光明磊落的品德；没有缺点错误，还能认真听取不同的意见，进行认真的自我检查、自我勉励，更能体现一个人的度量、胸怀和高度的自我修养水平。有了这种精神，就能够妥善处理人际关系，不断前进。

见贤思齐

"见贤思齐"是孔子提出的一种道德修养方法。语出《论语·里仁》。孔子说："见贤思齐，见不贤而内自省。"贤，美好，这里指品德高尚的人；齐，相等，一样。意为遇到品格高尚的人，就要一心向他学习，要求自己有贤者所具有的优点；遇到品德不好的人则要反省自己是不是也有同样的过失。即与人相处，无论是贤与不贤，都应当对照自己进行反省、检查，对好的要作为榜样来学习，对不好的也要作为自己的反面教员。见贤思齐告诉人们，为人必须善于向贤者学习，不断向上，德行才能日进。取人之长，补己之短，是儒家倡导的道德修养方法，对后世有很大的影响。

人皆可以为尧舜

"人皆可以为尧舜"意思是每个人都有可能成为尧舜那样的圣人,是孟子伦理思想的命题。孟子极其推崇尧舜,将其视为古代圣王的代表,儒家政治思想、道德理想立论的历史根据。但是,孟子并未神化尧舜,而是认为人皆可以为尧舜。之所以如此,是因为孟子认为尧舜与人相同。孟子根据古代的传说,发表了许多关于"尧舜之道"的议论,阐述尧舜的德行及禅让之事,其目的是将尧舜树立为行仁政、王道的楷模。孟子这一命题在当时政治意义是很明显的。人皆可以为尧舜的命题不仅树立一个共同的道德理想的目标,也为道德修养面前人人平等之论开了先声。

勿以恶小而为之，
勿以善小而不为

三国时蜀汉国的开国君主刘备临终前写了一道遗嘱给他的儿子刘禅（即阿斗），教育阿斗以后一定要"勿以恶小而为之，勿以善小而勿为"，在治理国家中只有既贤明智慧又德行高尚才能令人信服。遗嘱表达了希望儿子在"贤""德"两方面都有所长进。要求他在道德上要注意小善小恶，别因小恶积小成大，造成致命的灾害，而刘阿斗正是没什么"大善"也没什么"大恶"，他的弱点无非是纵情享乐，不懂治理国家之道。刘备看到了这个危险，给儿子指出来。后来阿斗的毛病终于由"小恶"酿成大祸，造成灭国悲剧，被魏国所灭。

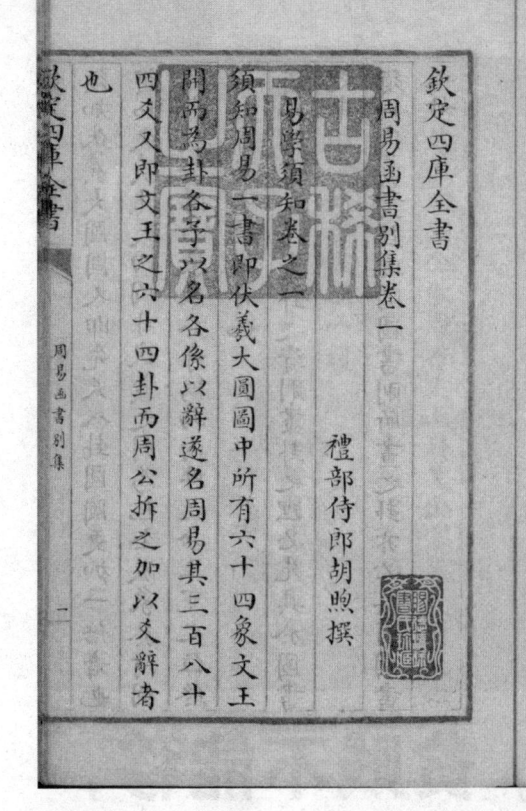

天行健,君子以自强不息

"天行健,君子以自强不息"出自《易传》。从汉代到清代,"天行健,君子以自强不息"的思想深入人心,其刚健、自强不息的观点反映了中华民族愈是遭遇挫折愈是奋起抗争的精神状态和坚忍不拔的意志,为全社会所接受。这种观点不仅对于知识分子,而且对于一般民众也产生了强烈的激励作用,是自强不息的精神普遍化和社会化。正是这种刚健有为、自强不息的精神推动了中国社会和中国文化的发展,凝聚并增强了民族的向心力,是传统文化的精华,给后人以极大的影响。

富贵不能淫，贫贱不能移，威武不能屈

"富贵不能淫，贫贱不能移，威武不能屈"出自《孟子·滕文公下》，是孟子所极力推崇的合乎道德的行为。在他看来，一个人能既合乎道德又可保全性命固然很好，但是若只能在两者之中选择一种的时候，就要舍生取义。"生亦我所欲也，义亦我所欲也；二者不可得兼，舍生而取义者也。"孟子鄙视"以顺为正"，赞赏合乎道德的刚健行为，把严守道德操行的人誉为大丈夫。他说："富贵不能淫，贫贱不能移，威武不能屈，此之谓大丈夫。"孟子认为大丈夫应有独立的品质，遵守道德准则，不屈服于外在压力。

言必行，行必果

"言必行，行必果"是孔子提出的道德思想，出自《论语·子路》。意思是：说话一定要严守信用，行动一定要坚毅果断。现在而言，"言必行"的道德意义是对别人要讲信用，即要有责任感，对答应别人的事要遵守诺言；对于不该答应的或根本做不到的事情，就不要轻易许诺；对比较有把握做到的事情也不要大包大揽，而应实事求是。"行必果"是指在做事之前要冷静分析各种情况，凡是应该做的事情就要当机立断、果敢行事；凡是不应该做的事情，就不要盲目行动。同时，对有利因素和不利因素要尽可能做到全面分析，做到"心中有数"，满怀信心和勇气，才能实现自己的诺言。

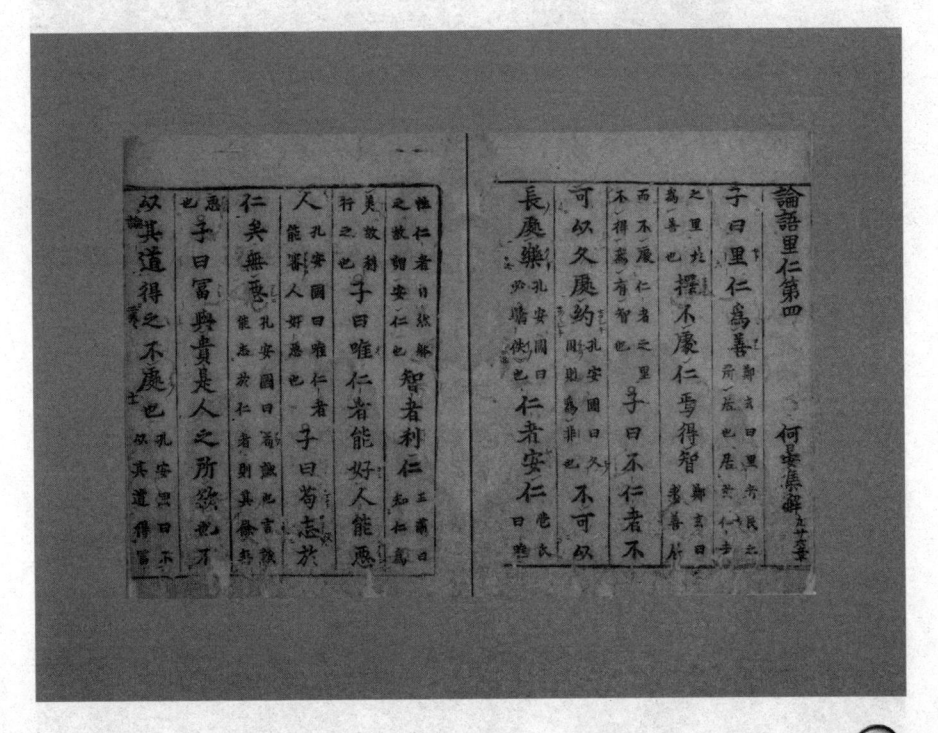

严于律己,宽以待人

"严于律己,宽以待人"是规范人际关系的道德命题,意指在学习、工作和日常生活中严格要求自己,宽厚地对待他人。"宽以待人"就是待人要宽,对人要理解、宽容、谅解。体现人道精神。语出宋陈亮《谢曾察院启》:"严于律己,而出见之事功;心乎爱民,动必关夫汉道。""严于律己,宽以待人"是一种良好的道德品质和社会主义道德要求,严、宽相济,有利于调解人际关系,在人们的日常生活中体现人道精神。

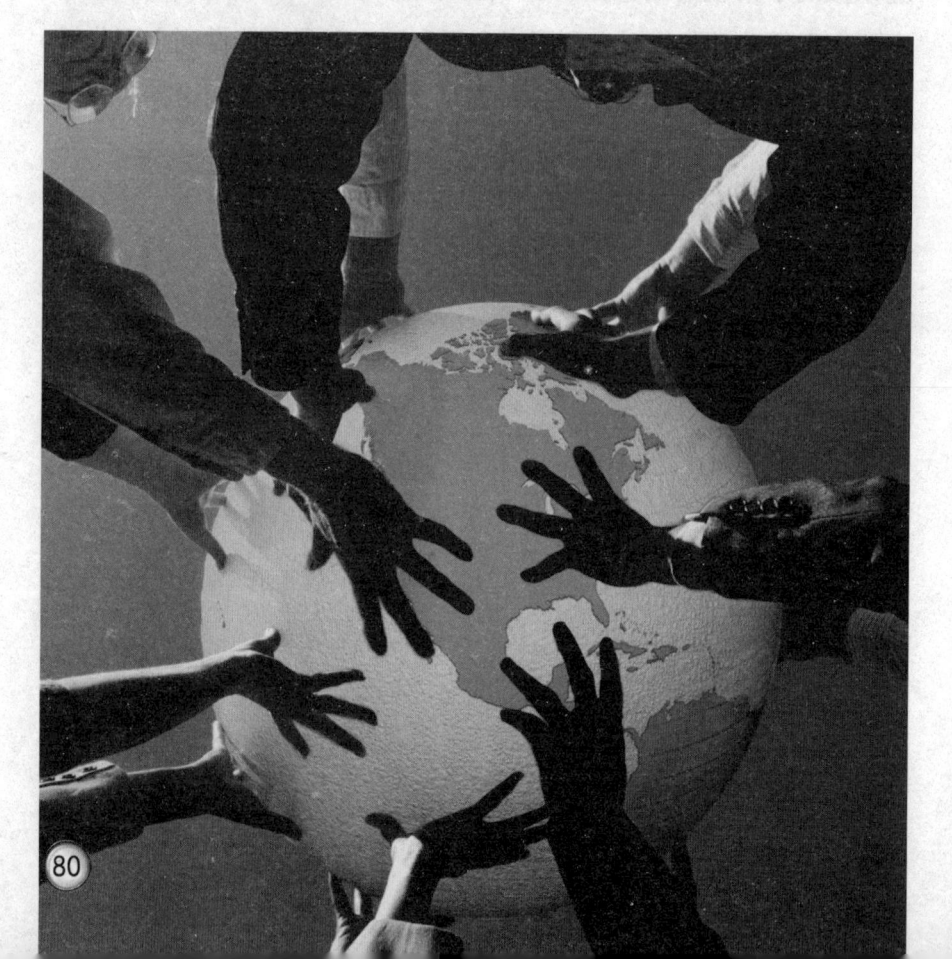

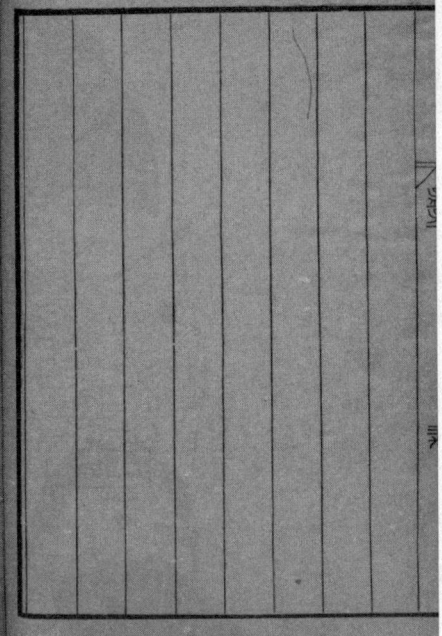

穷则独善其身，达则兼济天下

"**穷**则独善其身，达则兼济天下"是孟子倡导的一种人生态度，出自《孟子·尽心章句上》。意思是说，士人即使在贫困时，也不应丧失义；在显达时，也不应背离道。一个人在得志时，能把恩泽普施与老百姓；不得志时，则要注意修养自己的品德以显露于社会。这就叫作贫困时能坚持独自行善，显达时，对所有的人都做到善。孟子把人生遭际概括为"穷"与"达"，亦即"得志"和"不得志"两种情况，并提出了处于这两种情况下的两种不同要求。只要能做到"穷则独善其身，达则兼济天下"就算实现了人生的价值目标。

业精于勤荒于嬉，
行成于思毁于随

"**业**精于勤荒于嬉，行成于思毁于随"是用于治学立业和道德修养的警语。语出唐韩愈《进学解》："业精于勤，荒于嬉；行成于思，毁于随。"嬉，游戏、玩耍。意谓勤奋学习，学业才能精通，贪玩懒惰，学业就会荒废；善于思考，行动才能成功，任其所以，马虎随便，工作就会失败。此语所体现的勤奋、刻苦、慎思、认真等都是人们治学、立业中形成的优良品德和作风，也是获取知识、成就学业、做好工作、创造成绩的重要保证。而懒散、怠惰、不思进取等，则是治学、立业要切忌的不良作风。

温良恭俭让

"温良恭俭让"是儒家学派认为做人所应具有的五种美德。温,温和;良,善良;恭,谦逊、有礼貌;俭,勤俭;让,谦让。语出自《论语·学而》。孔子的学生子禽问另一个学生子贡:"老师到了一个国家,总是能听到那个国家的政事,这种情况,是老师自己求得的呢?还是人家主动告诉他的呢?"子贡答道:"夫子温良恭俭让以得之。"意思是老师具有温良恭俭让这种美德,所以才得到许多国家人们的信任。正是孔子的学生认为孔子具有这五种美德,所以在整个封建社会,温良恭俭让一直是封建阶级要求人所追求的美德。

不为五斗米折腰

"不为五斗米折腰"是古代诗人陶渊明坚守气节的故事。陶渊明,东晋著名诗人,文学家。性情泊静,喜爱自由,不慕名利。早年怀有"大济苍生"的壮志,曾几次做官,看到了官场的腐朽黑暗和统治者的荒淫堕落,对现实感到厌恶和失望。在彭泽任县令时,因被郡督邮召见时侮辱,不愿为五斗米折腰,于是辞官不做。隐居20余年,躬耕自资,接近农民,表现自己洁身守志,虽遇饥寒仍持高尚气节,蔑视权贵,不愿与统治集团同流合污的品格。旧时有理想的知识分子多以他的高风亮节自勉,在中国士大夫阶层产生广泛的影响。

天下为公

"天下为公"是中国古代伦理学用语。意思是要以天下的事为己任。语出自《礼记·礼运》:"大道之行也,天下为公。"这是《礼运》描绘"大同"的开宗明义的两句话。它标明"大同"的根本特征是"天下为公",并与"小康"的根本特征"天下为家"形成鲜明的对照。这种思想实际上是一种空想社会主义,但对后来的进步思想家、社会改革家,如康有为、谭嗣同和孙中山等都产生了积极的影响。"天下为公"既是理想社会、理想的政治制度,更是理想的道德境界。这一人类理想的光芒早在中国秦汉之际就出现了,成为中华民族光辉的传统精神。

吾日三省吾身

"吾日三省吾身"是孔子的大弟子曾参提出的道德修养的方法，出自《论语·学而》。曾参强调：在道德修养上，一个人应当每天对自己所做的事多次进行反省，把为他人做的事是否有不忠之处，与朋友交往是否守信用，学到的知识是否认真复习和实践履行等三项作为检查反省的主要内容。曾参即使在弥留之际也恪守这样的信条，他告诫弟子处世要小心谨慎、庄重而不粗放。曾参强调"习"的重要作用，把"习"和自省联系起来。曾参这一修养方法在修养论上有积极意义，对中国古代的伦理思想和人们的道德实践有重要影响。

得道多助 失道寡助

"**得**道多助，失道寡助"是孟子政治思想的一个重要命题，出自《孟子·公孙丑下》。它体现了先秦儒家的"民为邦本"的民本主义政治倾向。孟子从"心学"的角度指出"民心"的重要性，也是孟子以施行仁政来统一天下的理论的具体展开。孟子恪守孔子的"德治"传统，提出以仁政来统一天下，激烈反对以讲求耕战，用武力统一天下的主张。孟子认为"仁者无敌"，仁政能够"得人心"。孟子这种以"民心"向背作为得天下的首要条件的思想对后世影响很大，每一朝代的开国创业君主往往都在不同程度上自觉或不自觉地实践了孟子的这种思想。

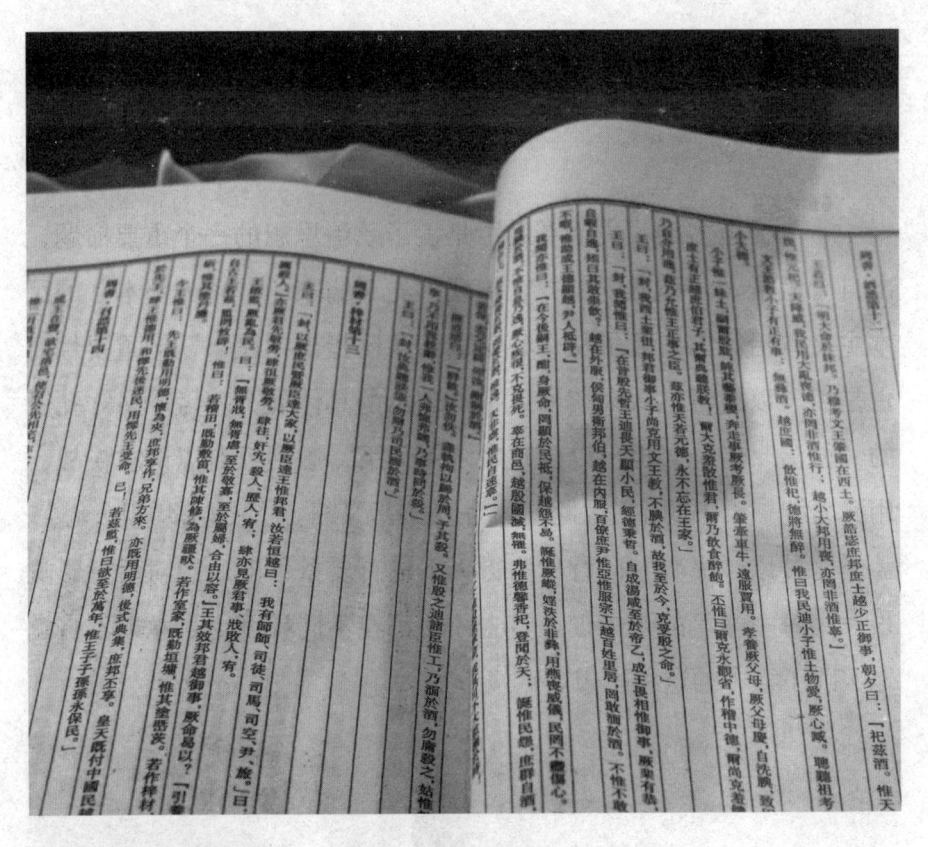

满招损，谦受益

"**满**招损，谦受益"是表示道德品质及其道德价值的格言。意思是自满必然招致损害，谦虚能够获得益处。语出自《尚书·大禹谟》。它用来告诫人们要时时注意培养自己谦虚的美德，切忌骄傲自满。这无论是对学习，还是对工作都是大有好处的。毛泽东提出"虚心使人进步，骄傲使人落后"，含义与此相近，但从人的"进步"和"落后"着眼，较之"损""益"更加鲜明、积极，是对这一传统格言的丰富和发挥。

不以规矩，难以成方圆

"不以规矩，难以成方圆"是表示道德规范的调节作用的用语。意思是不用仪器，很难画出精确的方和圆。语出《孟子·离娄上》："离娄之明，公输子之巧，不以规矩，不能成方圆。"意谓即使有离娄（相传黄帝时代的人）那样极好的目力，公输子（鲁班）那样高超的技巧，如果不用仪器，也不能精确地画出方形和圆形。引申后现指：对学生或子女如不严格要求，他们就不可能成才；没有正确的法律、道德、纪律、规章和制度，就不能把人们的行为纳入正常的秩序和正确的轨道。它形象地说明了道德等行为规范对约束、引导人的行为和调整人们社会关系的重要作用。

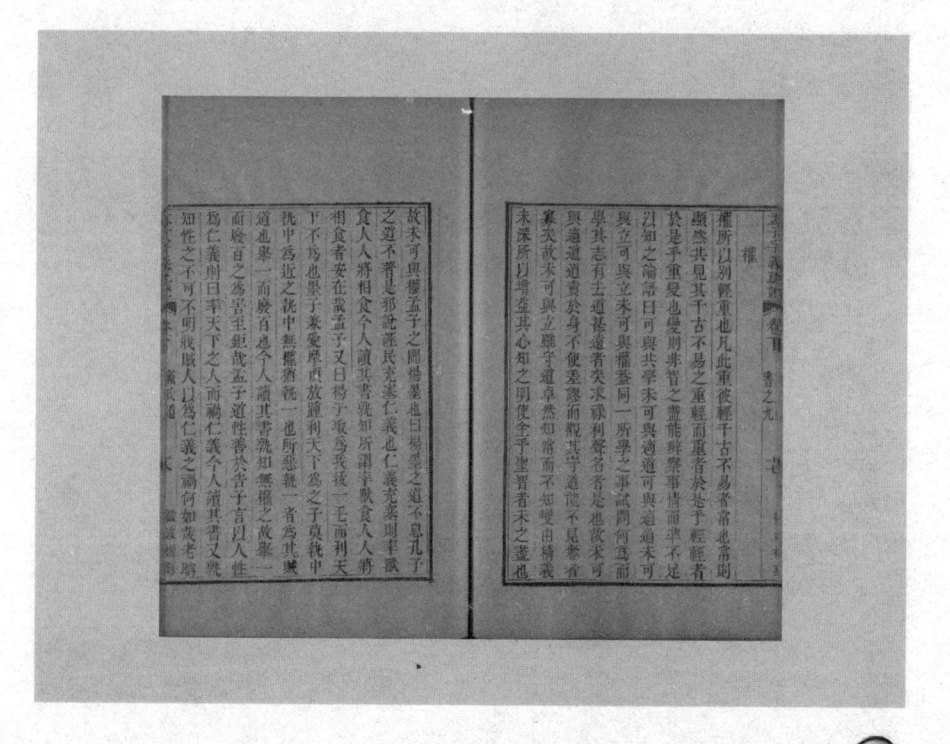

己所不欲，勿施于人

"己所不欲，勿施于人"是孔子提出的道德规范，是其"仁"的一种表现。语出自《论语》："己所不欲，勿施于人。"欲：想要得到，希望有某种东西或事情。施：加。意思是：自己不想得到的事或物，一定不要强加给别人。《论语·雍也》中进一步提出"己欲立而立人，己欲达而达人"。宋儒又将之概括为"推己及人"，现在所说的"将心比心"也是这个意思。"己所不欲，勿施于人"是孔子仁学体系中的基本命题，深刻地概括了处理人与人之间关系的根本原则，丰富了中国伦理思想的宝库。16至17世纪，孔子的这一思想传到西方，对其伦理思想产生了很大影响。

生于忧患,死于安乐

"**生**于忧患,死于安乐"意为忧患使人生存发展,安逸享乐使人萎靡死亡。《易传》在解释《易经》时发挥了这一思想。提示人们只知进,不知退,只见存,未见亡,便会陷入被动以至失败。因此,必须懂得进退存亡相互隐伏的道理,处处坚守中正之道,以防向不利的方面转化。强调如果没有防备,安、存、治是可以向危、亡、乱转化的。而要想长久保持太平顺利就必须时刻提防危险。这种防患于未然的思想对中国的政治学、军事学、医学和养生学都产生过重要影响。

取义成仁

取义成仁出自《论语》。孔子认为要达到仁的境界，还要有坚强的毅力和不怕牺牲的精神，他说："仁者必有勇。"认为经过修养和锻炼，具有勇敢和坚强的意志及广博的学问，并能对自己进行省察，就可以接近成为仁人。孔子还说："仁者先难而后获。"意思是要先做艰苦努力才能获得收成。又说："志士仁人，无求生以害仁，有杀身以成仁。"意思是仁德高于生命，这是孔子对成仁的更高要求。相反巧言令色，只会花言巧语，装成和颜悦色来迎合世俗，这种人就很少有仁德了。孔子这样对比，态度是很鲜明的。

忠恕

忠恕是儒家的伦理哲学范畴，是孔子一生行道的原则。忠是孔子处理人际关系的原则，是在任何场合都不能违背的。孔子提倡忠，要求言行一致，说话要忠诚无欺，行动要认真亲切。"忠恕"之道作为处理人际关系的伦理准则，孔子还主张"忠"与"恕"相配合，认为这是"可以终身行之"的"恕"道。这并非是胆小怕事，而是待人采取宽厚态度。孔子对那些态度高傲、不体察下情的人不满意，认为宽厚的人能得到众人的拥护，守信则会得到人民的支持。"忠恕"之道后来成为儒家处世做人的一条准则，并产生深远的社会影响。

慎独

慎独是一种道德修养方法和道德境界。语出自《礼记·中庸》，指一个人在无人监督的情况下，严格要求自己，一丝不苟，自觉做合乎道德的事，不做不道德的事，标志着个人已经形成了一种坚定的道德情感和道德信念，在没有他人监督的条件下，仍然能够凭借自己内心信念的力量来选择道德行为，保持自己的节操。它是衡量一个人道德觉悟和思想品质的试金石。当今社会在道德修养的实践过程中，也十分重视"慎独"，任何时候都要坚持社会广泛认同的道德原则。

中庸之道

中庸之道是孔子和儒家的伦理原则，指处理各种事物的关系时，要用不偏不倚、过犹不及的态度。孔子把它作为最高的道德标准。"中庸"这个词出自《论语》："中庸之为德也。"这句话说的是，中庸是达到了美德的顶点。如果达不到"中庸"，就会出现"不中"；"不中"又表现为"过"和"不及"两种情况。"过犹不及"的意思是说，做得过分和做得不够是一样的，都不是实行道德规范的正确态度。孔子的中庸之道思想为后来的儒家学者继承和发展，相传子思以"中庸之道"为核心思想创作《中庸》一书。宋明以后，《中庸》成为儒家的典籍"四书"之一。

和为贵

和为贵是儒家处理人与人之间关系的伦理准则,出自《论语》。和,和谐、一团和气;贵,重要。意思是指,按照周礼来处理人们之间的关系,就可以达到上下和谐、一团和气,这种和谐是最为重要的。因此,和为贵既是处理人与人之间关系的准则,也是人与人之间一种和谐、团结,各得其所的伦理境界。和为贵的思想和中庸之道的含义接近。和为贵强调了对立面的统一,强调了人与人之间的团结和谐,有一定的合理因素。但是孔子把这种合理因素片面化了。

少壮不努力，老大徒伤悲

"少壮不努力，老大徒伤悲"是勉励青少年积极进取、加强修养的警句，出自《文选·古乐府·长歌行》。文中用清晨的露水很快就会被太阳晒干、好看的花朵很容易枯萎等自然现象来说明年轻力壮的好时光是短暂的，如不及时努力，到了年老体衰的时候后悔也来不及了。现在用来勉励青少年要珍惜自己的黄金年华，趁年轻力壮、精力充沛之时，努力学习科学文化知识，加强思想道德修养，积极进取，勤奋工作，为人民的幸福和社会的进步贡献自己的青春。

先天下之忧而忧，
后天下之乐而乐

　　"**先**天下之忧而忧，后天下之乐而乐"意为忧患须在天下人之先，快乐应在天下人之后。这是北宋范仲淹的名句，出自范仲淹的名作《岳阳楼记》。"忧"为忧患意识之"忧"；"乐"为理想快乐之"乐"。这一思想是对自孔子、孟子以来直至唐代韩愈的儒家基于民本主义的忧乐观的继承和发展。范仲淹在北宋内忧外患的特殊历史条件下，继承以上思想，把儒家基于民本主义的忧乐观推上了一个新的高峰，在人生价值取向上达到了一种更高的境界。800余年来，它一直引起对国家和民族的前途与命运十分关心的志士仁人的深切共鸣，激励着一代又一代为国为民之士奋斗不息。

天下兴亡，匹夫有责

"天下兴亡，匹夫有责"是清代重要的政治思想主张，为顾炎武所提出。顾炎武生在明清相交之际，社会动荡，国家多难，纷乱的时局激起顾炎武强烈的社会责任感。他以天下为己任，大声疾呼，唤起民众。在《日知录》中，顾炎武写道，拯救民族危亡、捍卫民族利益是全民族成员的职责，是第一位的大事。呼吁全体民众关心国家、民族的前途和命运。这无疑是可以批判地继承的宝贵思想遗产。20世纪初，梁启超将上述主张概括为"天下兴亡，匹夫有责"。此一主张成为中华民族爱国主义传统的一个重要组成部分，激励中国人民在不同的历史时期为全民族的利益而奋斗。

集体主义

集体主义是调节个人利益与集体利益关系的原则。作为道德原则它是在资本主义条件下，工人阶级联合起来反对资本家的过程中产生的，出现在20世纪初。它继承了历史上先进的伦理思想，体现了人类社会历史发展的客观规律。它的主要内容是：从无产阶级与广大劳动人民的根本利益出发，坚持集体利益高于个人利益；在维护集体利益的前提下，把个人利益与集体利益结合起来，当两者发生矛盾时，个人利益服从集体利益，在必要时甚至牺牲个人利益。它揭示了社会主义、共产主义的社会关系以及人们价值观的本质。

个人主义

个人主义广义泛指赞成个人行动自由及信仰完全自由的主张，与国家主义相对。狭义是指利己的观念、情感和品行，与集体主义相对，是一种伦理学说，也表示伦理道德和选择行为路线的一种原则。其核心是把个人价值看得高于一切，把个人的自由、独立和个人利益放在首位，要求国家、集体、他人服从个人，为此甚至不惜损害社会和他人利益。个人主义根源于私有制的经济关系，表现为自私自利、唯利是图、损人利己等行为。个人主义也是小生产者人生观的一个特征，表现为自私狭隘，自由散漫。在社会主义社会，个人主义与集体主义是对立的价值取向和道德原则。

民族尊严

民族尊严就是以国家主权为根本的一个民族在世界上的平等地位和荣誉,是全民族整体在世界上的平等权利和崇高声望,是一个民族以完全平等的资格生存和发展,不受他人控制和干涉,不受他人伤害和侵犯的全民族集体人权和集体人格。民族尊严不仅是国格的支柱,而且是人格的支柱。民族尊严体现为国民的民族尊严意识,即国民的民族自尊心、自豪感、自信心和自强不息的民族奋斗精神及民族团结精神,体现为全民族成员炽热的赤诚。丧失了民族尊严也就丧失了国格,也就丧失了立国的政治地位和精神支柱。

爱国主义

爱国主义既是一个政治原则，又是一个道德规范。在道德领域，它是调节个人和自己祖国、民族之间关系的重要道德规范，是人们"千百年来巩固起来的对自己祖国的一种最深厚的感情"。热爱祖国最初源于人们生活中自然形成的对自己家乡和亲人们一种依恋的感情。随着民族和国家的形成，逐渐发展成为一种维护本民族、国家的尊严和利益的自觉意识。爱国主义的一般内容是，热爱祖国，关心祖国的前途和命运；具有民族自尊心、自信心和自豪感；为争取祖国独立、富强而英勇奋斗和献身的精神。它作为一种民族意识，是社会各阶级所共同具有的。

大禹治水

大禹，中国古代传说中治理洪水的英雄。在远古时代，人们经常受到洪涝的侵害。尧就派鲧去治理洪水。鲧治水用挡阻的办法，劳民伤财，一无所成。以后，舜又让鲧的儿子禹去治水。禹认真总结了父亲失败的教训，设计了疏通河道，将水引走的治水方案。方案制定后，禹走遍天下，踏遍了闹水灾的九州。为了治水，禹到30岁时还没有结婚，后来和一个叫女娇的姑娘结婚，只4天，他就告别新婚的妻子，忙于治水去了。大禹治水13年，3次经过家门都没顾得上进门看一看。禹历经千难万险，终于战胜了洪水的灾害，促进了农业发展，使百姓安居乐业。

祖冲之求圆周率

祖冲之（429—500），南北朝时期的伟大数学家、天文学家、物理学家。他一生有许多卓越成就，其中最重要的是对圆周率的推算。我们的祖先很早就有"径一周三"的说法，这个说法并不准确。三国到西晋时期的数学家刘徽经过计算，求出了3.14的圆周率，这在当时是最先进的。祖冲之打算继续推算圆周率。在当时的情况下，不但没有计算机，也没有笔算，只能用长4寸（1寸约为3.33厘米）、方3寸的小竹棍来计算。工作是艰巨的。最后，他得出结论，圆周率是在3.141 592 6和3.141 592 7这两个数之间。祖冲之是世界上第一个计算圆周率精确到小数点后7位的人，比欧洲人早了1000多年。

尽忠报国

南宋著名的抗金英雄岳飞一生刚直不阿，尽忠报国。这与岳母姚氏的苦心教育是分不开的。岳飞生活于北宋末年南宋初年，当朝皇帝腐败无能，而女真族建立起来的金朝又南侵宋朝。在民族矛盾尖锐的境况下，岳母从小教育岳飞要有"以身许国，报效国家"的伟大抱负。岳飞20岁离家从军，临行前岳母用针在他背上刺了"精忠报国"四个字。岳飞从军以后，牢记母亲的训示，一直战斗在抗金的最前线，以自己的热血和生命保家卫国。后来他被秦桧一伙以"莫须有"的罪名杀害。岳飞虽被杀害，但一直是人们所敬慕和效仿的英雄。

不指南方不肯休

文天祥，南宋抗元名臣。他任宰相时期，南宋正处于蒙古军队的包围之中，亡国迫在眉睫。文天祥素有救国理想和抱负，他虽屡遭险难，但始终坚持抗元斗争，战斗在抗元的最前线。公元1283年被元军所俘获，拒绝忽必烈亲自劝降，从容就义，实践了平生"以身殉道"的誓言，为世人敬仰和赞颂。他在《过零丁洋》中的"人生自古谁无死，留取丹心照汗青"，既是传诵千古的名句，也是他壮烈一生的真实写照。

文姬归汉

蔡琰，字文姬，汉末著名女诗人，汉代文学家蔡邕的女儿。汉朝末年，天下大乱，蔡琰被匈奴兵所俘获，身陷南匈奴12年，生下两个儿子。但她时刻希望能够回归中原故土。当时，曹操因为想到她的父亲没有子嗣，于是派遣使者用重金把她从匈奴赎回，再嫁董祀为妻。她博学多才，精通音律，身陷匈奴期间创作了《胡笳十八拍》《悲愤诗》等作品，均描写了自己的悲惨遭遇以及思念故国、渴望返乡的感情，反映了广大人民在战乱中所受的痛苦和灾难。

吉鸿昌恨不抗日死

吉鸿昌，著名爱国将领。1931年9月，他因为反对蒋介石卖国投降政策，被蒋介石以"出国考察"为名派到美国。吉鸿昌在美期间，感到祖国贫穷软弱，只有共产党领导的军队才能挽救中国。因此，1932年2月，吉鸿昌一回国，就加入了中国共产党，组成了察绥民众抗日同盟军，从事抗日活动。1934年11月，吉鸿昌在天津被军统特务暗杀受伤，并遭逮捕。敌人软硬兼施，想让他变节自首，吉鸿昌坚贞不屈，决不背叛。24日，敌人把他押上刑场。临刑前，他写下了"恨不抗日死，留作今日羞。国破尚如此，我何惜此头"的诗句。而后，高呼："抗日万岁！中国共产党万岁！"英勇就义。

饿死不领美国救济粮的朱自清

朱自清，现代诗人，爱国学者，民主战士。自幼受士大夫家庭传统教育。1916年考入北京大学。1919年与北大同学创办《新潮》杂志，并参加了五四学生爱国运动。1925年任清华大学中文系教授。1931年留学英国伦敦，并漫游欧洲大陆。1932年回国，在清华大学任教。抗战爆发后，任长沙"临大"和后来的西南"联大"教授，并积极参加抗日活动。1946年，回北平继续在清华任教。1948年参加了北平抗议美军的活动，签名抗议美帝国主义并拒领美援面粉宣言，不久，因饥饿、疾病在贫困交加中病逝，保持了崇高的民族气节和英雄气概，受到毛泽东同志的高度赞扬。

一品宰相

曾国藩是晚清重臣,也是政治家、文学家,但他的生活却非常俭朴。戈登曾描述他与曾国藩会面的情景:"穿着陈旧,衣服打皱,上面油渍斑斑。"饮食上,曾国藩不讲究,简单至极。通常他每顿饭只有一个菜,决不多设。因为每餐只享用饭一碗、菜一品,当时人们戏称他为"一品宰相"。

为提倡节俭、教育家人,曾国藩曾在大堂上亲书一联:惜食惜衣,不惟惜时兼惜福;求名求利,但知求己不求人。

"为中华之崛起而读书"

周恩来小时候在沈阳东关模范学堂读书，有一次老师提出"为什么读书"的问题要同学们回答。其他同学答的多是"为光耀门楣而读书""为明礼而读书"。在当时的情况下，前面一些回答是未尝不可的。周恩来同志回答的却是："为中华之崛起而读书"，简短的几个字，字字千钧，掷地有声。周恩来小学毕业后曾给一个要好的同学写了临别赠言："志在四方"，"愿相会于中华腾飞世界时"。正是抱着这样的志向，他在中学毕业后，赴日求学，开始接触马克思主义。

陈毅写诗律己

新中国成立以后，陈毅担任上海市市长，但他一直保持着清醒的头脑，保持艰苦奋斗的优良传统，不滥用手中的权力为自己或亲属谋取私利。1954年，陈毅写了《手莫伸》一诗自勉。诗中写道："手莫伸，伸手必被捉，党与人民在监督，万目睽睽难逃脱。……第一想到不忘本，来自人民莫作恶。第二想到党培养，无党岂能有所作？第三想到衣食住，若无人民岂能活？第四想到虽有功，岂无过失应惭怍。吁嗟乎，九牛一毫莫自夸，骄傲自满必翻车。历览古今多少事，成由谦逊败由奢。"以此表示自己廉洁自律的决心。

爱国之心

我国著名数学家华罗庚在美国被学术界誉为"世界上名列前茅的数学家之一",得到了优厚的工作条件和生活待遇,家眷也到了美国,有关人士明确地表示希望他终身留居美国。但是,当华罗庚从报纸上看到新中国宣告成立的消息后,毅然带领全家回到新中国。他在途经香港时发表一封致留美学生的公开信:"我们受到同胞们血汗的栽培,成为人才之后,为了抉择真理,为了国家民族,为了为人民服务我们应当回去,为我们伟大祖国的建设和发展而奋斗。"这种强烈的爱国主义精神和崇高的理想促使华罗庚为发展我国社会主义科学事业作出了杰出贡献。

蓄须明志

蓄须明志是京剧大师梅兰芳爱国的故事。1937年，日本帝国主义占领了上海。日本人知道梅兰芳是闻名世界的艺术家，想让他去电台播音，为他们服务。梅兰芳想：如果日本鬼子再来逼迫怎么办呢？经过反复考虑，他决定把自己和"梅剧团"拆开，自己留居香港，把剧团的全部人马送回北平。同时，蓄须明志，并拿定了主意，在把日本侵略者赶出中国之前他决不再登台，也决不剃去胡子。1945年8月15日，日本无条件投降了。这一天，梅兰芳剃去胡子登台演出。

一定要为中国人争气

童第周是我国著名的生物学家。他28岁时得到亲友的资助到比利时去留学,跟一位在欧洲很有名气的生物学教授学习。一起学习的还有别的国家的学生。旧中国贫穷落后,在世界上没有地位,外国学生瞧不起中国学生。童第周暗暗下了决心:一定要为中国人争气。几年来,那位教授一直在做把青蛙卵的外膜剥掉的实验。这是一项难度很大的手术,需要熟练的技术,还需要耐心和细心。同学们都不敢尝试,那位教授自己做了几年也没有成功。童第周不声不响地刻苦钻研,反复实践,终于成功了。这件事震动了欧洲的生物学界,也为中国人争了气。

可爱的中国

《可爱的中国》，散文，作者方志敏，写于1935年。1952年烈士遗著《可爱的中国》由人民文学出版社出版。散文通过"我"的亲身经历，回忆了从五四运动到第二次国内革命战争时期中国人民的苦难遭遇和深重灾难，愤怒谴责帝国主义对中国的侵略和掠夺，严正声讨新旧军阀卖国投降的罪行，明确指出抗日救国的正确道路，从而信心百倍地展望了中国无限美好的前途。作品把祖国比作母亲，形象生动，亲切感人。该散文是对读者进行爱国主义教育的生动教材。

主人翁精神

　　主人翁精神是以主人的意识对待国家和集体事业，并具有高度的责任心，自觉地做社会的主人。充分发挥主动性、积极性和创造精神，是社会主义觉悟的集中表现。在社会主义社会，实现了生产资料公有制，人民群众成了国家和生产资料的主人。国家和集体的事业成了人民群众自己的事业。每一个公民不仅在国家和集体事业中享有一定的权利，而且负有为发展国家和集体事业贡献自己一切力量的义务。人们对于这些权利和义务的理解、体验和履行的情感，就是主人翁责任感。我国正处在社会主义初级阶段，每一个中国公民都应以主人翁的态度为建设祖国贡献自己的一切力量。

白求恩

  白求恩，伟大的国际主义战士，加拿大共产党员，胸外科医生。1936年，德意法西斯武装干涉西班牙革命，他随加拿大志愿军至前线，为西班牙人民服务。中国抗日战争爆发后，白求恩受加拿大共产党和美国共产党的派遣，率领一个由加拿大人和美国人组成的医疗队赶来中国，参加中国人民的抗日战争。1938年到晋察冀边区工作，为八路军伤病员服务近两年。后因在抢救伤员施行手术时感染，1939年11月12日因败血症在河北唐县逝世。为悼念这位伟大的国际主义战士，毛泽东写了《纪念白求恩》一文，赞扬他高度的国际主义精神和对同志对工作极端负责的精神。

雷锋精神

雷锋精神是共产主义的精神,其实质就是忠于共产主义事业,全心全意为人民服务的精神。1963年3月,毛主席发出了"向雷锋同志学习"的伟大号召,全国人民掀起了向雷锋同志学习的热潮。在雷锋精神的鼓舞下,助人为乐、关心集体、热爱劳动,全心全意为人民服务形成风气,涌现了大批雷锋式的先进人物。这些先进人物的先进事迹,使雷锋精神不断得到丰富和发展。我们所说的雷锋精神,已经成为热爱祖国、热爱社会主义、热爱党、坚定共产主义信念,树立全心全意为人民服务的思想,发展人与人之间的团结友爱互助的社会主义新型关系的象征。

为人民服务

　　为人民服务指无产阶级革命者为了全人类的自身利益，即和平与进步事业而英勇奋斗的道德信念和道德理想。无产阶级的历史使命是要最后推翻一切剥削阶级，消灭一切人压迫人、人剥削人的制度，在地球上建立一个人人平等、自由、幸福的共产主义社会，使人类过上高度物质文明和高度精神文明的生活。无产阶级没有独立于人类之外的特殊利益，它的本性决定它的阶级利益与全人类的利益是一致的。

社会公德

　　社会公德是人们在对社会、集体负有相应义务和责任的行为活动中，应当遵循的道德规范和道德规则。对它有两种理解。一是指人们在一些事关重大的社会关系、社会活动和社会交往中应当遵守并作出国家提倡或认可的道德规范。中华人民共和国现行宪法所倡导的"五爱"就是这种意义上的社会公德。因为是国家法律肯定的，也可称为"国民公德"。二是有人把日常公共生活中所形成的起码公共生活规则称为社会公德。在道德评价中，特别是在社会活动的道德评价中，人们应当更注重公德。

道德责任和道德义务

道德责任和道德义务指人们对自己行为的善恶、是非所应承担的责任。人们行为的动机及其对社会或他人引起的有益或有害的后果，社会或个人都是可以作出肯定性的判断的。任何个人只有以高度的道德责任感才能真正具有对社会或他人有益的道德行为。道德义务指人们在一定的道德信念和道德责任感的支配下，自觉地对他人和社会应尽的职责。道德义务是人们在道义上应尽的责任，也就是在人们内心信念的驱使下自觉履行的义务，是行为自由的表现。道德义务是从社会发展的客观要求中产生的，除对家庭成员、亲友、朋友、同志应尽义务外，更要履行对人民、民族和国家的义务。

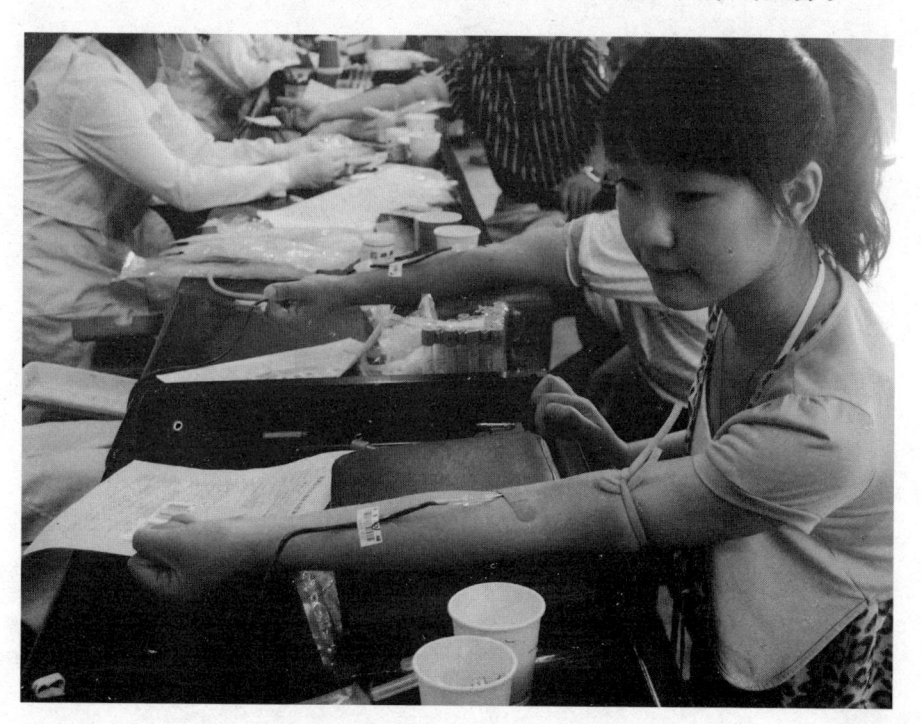

公民

公民通常指拥有一个国家的国籍，并根据该国的宪法和法律的规定，享有权利和承担义务的人。公民是个法律概念，它同国家和法律相联系，随着国家和法律的出现而形成。在不同的社会、不同的国家，公民的概念是不同的。国籍是取得公民资格的唯一条件，是指一个人作为某一国成员的资格，在法律上意味着个人与国家之间存在着某种固定的法律联系，即他是国家权力的享受者和义务的承担者。公民与人民是两个既有联系又有区别的概念。公民的范围比人民广泛得多。凡人民必是公民，人民是公民中的一部分，而公民不全是人民。

纳税意识

纳税意识指人们在纳税实践过程中形成并反作用于纳税活动的纳税心理和各种纳税思想、观点、理论体系。纳税意识是一种社会意识形式，体现人对客观存在的纳税关系以及处理这种关系的原则和规范的理解。就其内容而言，纳税意识包括纳税心理、纳税观念和理论体系；就范围而言，它可以是群体意识，也可以是个体意识。纳税意识是人类社会存在的一种反映，首先是经济关系的反映，它来源于人们的纳税实践，又指导、支配人的纳税活动。应当树立纳税意识，根据自己的收入情况自觉地依照法律规定履行纳税的义务，并把这看成一种爱国活动。

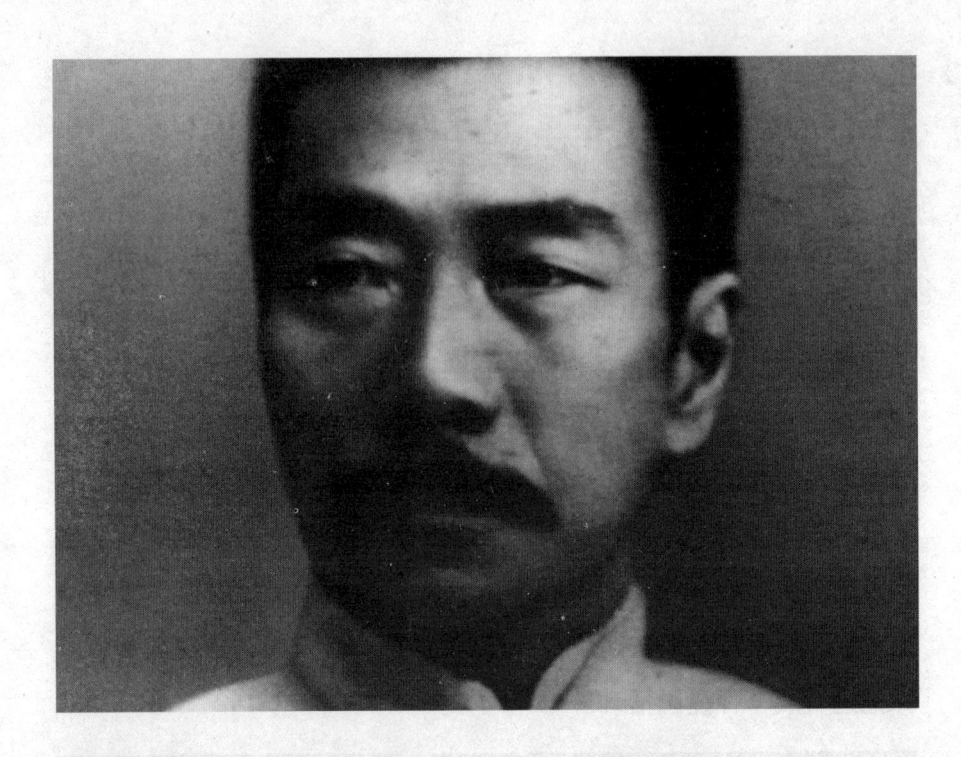

民族的脊梁——鲁迅

鲁迅,原名周树人,浙江绍兴人,伟大的文学家、思想家、革命家,中国现代文学的奠基人。1902年留学日本,后弃医从文,立志以此改变国民精神,推动社会的改革与进步。1918年5月用鲁迅的笔名在《新青年》上发表《狂人日记》,猛烈抨击吃人的封建主义思想和制度。从此,鲁迅一直站在新文化运动的最前列,以小说、杂文等向封建主义开展猛烈进攻,陆续创作出版小说集《呐喊》《彷徨》,散文诗集《野草》和回忆散文《朝花夕拾》,表现出革命民主主义和现实主义特色,为中国新文学的建立与发展奠定了基础。其作品已成为世界进步文化的宝贵财富。

审美教育

以审美理想为目的,通过审美活动和审美能力的培养,进行人的塑造,使之具有圆满和谐的人格、完善的美的德行,即是审美教育。最早的审美教育理论出现于席勒的《审美教育书简》中。美是使人走向真正自由的东西。这种思想在欧洲各国的艺术教育运动中取得了新的发展。在发展过程中,韦伯和特姆佩尔的理论占有重要地位。韦伯、特姆佩尔对19世纪末以来的艺术教育运动进行了一次理论归纳。他们认为教育学问题在整体上是文化问题,其基本法则是个人主义的。并以20世纪心理主义美学为基础,展开了审美教育理论。他们成为现代审美教育的奠基者。

美与丑

美，美学中的基本概念，是对真和善相统一的具有感人魅力的客观事物或现象的共同本质属性的最一般概括。其本质是客观事物或现象所具有的一种客观实在性，是自然和社会发展本质规律的感性显现，有着不以人们意志为转移的客观内容。美是无限丰富多样的，现实美与艺术美是它的两种基本表现形态。丑，美学中的基本概念。与美相对，关于与假、恶相一致的具有与美相反的内涵性质的客观事物或现象的本质属性的最一般概括，是事物的否定性的审美价值，主要指现实世界中那些僵死的、病态的、片面的、消极的却又有一定审美意义的现象形态。

认识你自己

　　古希腊伦理学家苏格拉底认为，哲学的目的就是教导人们懂得怎样过有道德的生活，帮助人们认识永恒的道德概念。而要对真正的善有所认识，人们必须先认识自己，这是改善心灵、培养道德的基础和出发点。这一命题指出，人要有自知之明，才能知道自己应该做什么、不应该做什么，从而改恶从善，做自己的主人，达到至善和幸福。

清洗你的灵魂

毕达格拉斯，古希腊数学家和哲学家。他从纯化道德和拯救灵魂的目的出发，提出了一整套修身养性的清规戒律。他把灵魂和善恶联系起来，强调道德的"和谐"本性。他说，灵魂可善可恶。人有了好的灵魂便是幸福；美德乃是一种和谐，正如健康、至善和神一样；所以，一切都是和谐的，友谊就是一种和谐的平等。因此，他认为善良、幸福、友谊等都是由和谐决定的，都是和谐的一种表现。毕达哥拉斯是第一个试图讲道德的人，但他不是用正确的方式讲，所以他不能建立正确的道德理论。

知识就是力量

"**知**识就是力量"是英国哲学家培根的名言,是培根"复兴科学"思想的体现,是他在批判经院哲学时所提出。培根认为经院哲学严重阻碍科学的发展,窒息人的头脑。为此应该提倡知识,全面改造人类知识,使科学得到伟大复兴。培根的一生是为提倡知识、促进科学事业的发展而奔走呼号的一生。早在青年时代,他就立志要占领整个知识领域。此后,随着年事的增长,这一信念愈加坚定。培根"知识就是力量"口号的提出尽管已过去几百年,但仍鼓舞人们继续前进,奋不顾身地去追求真理,掌握科学知识,成为人类积极进取、征服自然、改造社会的战斗号召。

人生的目的是自我实现

格林，英国唯心主义哲学家，新黑格尔主义的创始人。他的主要著作为《伦理学绪论》。他重点研究逻辑和伦理问题。在伦理观上，反对功利主义，宣扬自我实现论，所谓"自我实现"就是使"有限的我"与"无限的我"合而为一。他认为人之所以成为人的过程就是自我意识与对象意识同一实现。格林的自我实现理论既包括了个人自我，又包括人类自我，并鼓励人们以自身的努力来实现道德理想。因为人性的进步与人格的发展既有赖于社会，也反作用于社会。指出"人类精神"只能在个人身上实现自我或满足于自己的观念。他的伦理历史观趋向于进步和前进。

忘我精神

忘我精神是表示个性品质的道德用语，指自愿为整体或他人的利益，为他所珍视的理想而奋斗并牺牲个人的一切的一种道德品质。忘我精神是无产阶级的高贵品质，是共产主义道德的崇高境界。在社会主义社会里，集体利益与个人利益的一致性为忘我精神的发展奠定了坚实基础，成为社会全体成员努力养成和达到的道德品质。共产主义道德的忘我精神，不仅在救人危难等特殊行为中表现出来，更普遍的是在日常本职工作中的埋头苦干中表现出来。忘我精神是加速社会主义现代化建设的重要精神力量。

地球还是在转动

意大利物理学家、天文学家伽利略制造了世界上第一台望远镜，观测星空，有力地证明了哥白尼的太阳中心说。他的发现引起了教会的仇视，被宗教裁判所宣布为异端邪说，不许伽利略再宣传他的学说，也禁止出售他的著作。可伽利略并没有因此而停止自己的科学研究活动，他偷偷地著书立说，终于写成了《天文对话》一书。70多岁时，面对宗教法庭的审讯，伽利略毫不动摇，酷刑也不能使他屈服。最后，伽利略被判处终身监禁，他的著作也被列为禁书。为了坚持真理，伽利略经历了许多磨难，但他的立场总是非常坚定，他的这种伟大的精神永远值得我们学习。

科学的殉道者

哥白尼是波兰天文学家。他于1543年提出了"日心说",使科学冲破了宗教神学的统治,不仅引起人们对宇宙认识的革命,而且还引起整个科学的革命,标志着近代自然科学的开始。他的《天体运行论》引起教会的恐慌,打破了神学的一统天下,成为近代科学进步的起点。这一事件被称为哥白尼的科学革命,宣布了近代科学革命的到来。哥白尼精神是一种反传统、反迷信、反宗教的革命精神。哥白尼的科学革命对整个自然科学的发展产生了极为深远的影响,哥白尼精神就是革命的科学的精神。

鲜花广场上的真理追求者

布鲁诺是文艺复兴时期意大利的哲学家、数学家和天文学家,当时的著名学者之一。布鲁诺发展了哥白尼的日心说。他认为宇宙是无限的,太阳不是整个宇宙的中心。无限的宇宙根本没有固定的中心。他正确的论证从根本上动摇了宗教神学的理论基础。布鲁诺的观点被教会看作异端邪说。1592年,宗教裁判所把布鲁诺逮捕了,企图利用酷刑迫使其放弃自己的科学观点,然而布鲁诺毫不屈服、妥协,表现了视死如归的大无畏精神。宗教裁判所对他处以极刑,在罗马百花广场上将他烧死。布鲁诺宣传、捍卫、发展了哥白尼学说,在探求真理的道路上树立了一座丰碑。

把奖牌当作玩具的居里夫人

居里夫人是波兰籍的法国物理学家、化学家,与丈夫彼埃尔·居里因共同发现了人工放射性物质,共同获得了诺贝尔化学奖。她教育孩子不要看重荣誉,她说:"荣誉是个人劳动成果的纪念,你们不能把眼光只盯在奖章上。"为此,她故意让孩子玩自己的荣誉奖章,让孩子们从小就知道,荣誉就像玩具一样,绝对不能把它像神灵一样供奉,永远守着它,否则对孩子没有一点好处,而且会使他们变得一事无成。居里夫人留给儿女们的良好教育比留给他们的荣誉、金钱更为宝贵。她的大女儿什瑞娜·约里奥·居里也成为物理学家,同她的丈夫一起获得诺贝尔奖。

诺贝尔奖

诺贝尔，瑞典化学家、工程师和实业家。1867年，诺贝尔第一次发现了引爆硝化甘油的原理，研制出了炸药，还研制出了适合做枪炮弹头的发射药。诺贝尔通过生产和销售炸药，成为当时世界上有名的富有者之一。晚年的诺贝尔对炸药巨大杀伤力感到震惊，为促进世界和平，以他的遗产设立了奖金。根据他的遗嘱，将其约920万美元的遗产作为基金，以其利息为奖金奖给世界上在科学方面有贡献的人。奖金分设物理、化学、生物和医学、天文学以及和平事业，后来又增设了经济学。诺贝尔把毕生的精力献给了人类的科学事业，诺贝尔奖奖金也成了促进人类科学进步的重要方面。

南丁格尔奖

南丁格尔奖是红十字会国际委员会为纪念近代护理学和护理教育奠基人南丁格尔设立的，用以鼓励全世界范围内为人道主义事业作出卓越成绩的护理人员，是全球护理界的最高荣誉奖，每两年颁发一次。1854—1856年的克里米亚战争期间，南丁格尔为伤病士兵所做的忘我奉献为世人敬仰。1912年，第9届国际红十字大会决定设立南丁格尔奖章，用以奖励在战时或平时，以特别的勇气和献身精神为伤、病、残人员，或是为健康受到威胁的人员服务而建立了优异功绩或"从事积极"救助而牺牲的医护人员。

爱迪生的故事

爱迪生,世界闻名的发明家。他热爱科学,12岁的时候,在火车上卖报。车长同意他在吸烟车厢占用一个角落,卖完报后,做各种实验。有一次,火车开动时把一瓶白磷震倒了,引发了火灾。车长气极了,把爱迪生做实验的东西全扔了出去,打了他一个耳光,把他的一只耳朵打聋了。但爱迪生钻研科学的决心没有动摇。他重新做起化学实验来。还有一次,硝酸差一点儿弄瞎了他的眼睛。他没有被危险吓倒,还是顽强地做实验。他一生中发明的东西有1000多种,将毕生的精力都用在造福全人类的伟大事业上。

良心

良心也称道德良心，是伦理学基本范畴之一，指人们在处理个人与他人及社会关系时对自己行为所负有的道德责任感、义务感。在中国，最早从伦理学意义提出良心概念的是孟子。马克思主义认为，良心的实质是人们在履行对他人、对社会的义务过程中所形成的道德责任感和自我评价的能力，是一定的道德观念、感情、意志和信念在个人意识中的统一，是道德原则和规范体现为内心的动机。良心是隐藏在人们内心深处的一种意识活动，是把应负的道德责任变为内心的道德感和行为准则。

荣誉

荣誉是伦理学基本范畴之一，指对道德行为的社会价值所作出的公认的客观评价和主观意向。其意义有两层：一方面是社会对某个人履行义务的道德行为与贡献的赞赏、评价，是道德行为的价值尺度；另一方面则是良心中的知耻心、自尊心和自爱心的表现。这二者是互相联系和互相影响的。荣誉同良心，特别是同义务有着密切联系。培养人们的荣誉感有着重要意义。无产阶级在继承劳动人民荣辱观的基础上，从集体主义出发，认为履行社会义务，对人民群众无产阶级及其政党的无私贡献，促进全人类尽早解放的行为，才是真正的荣誉。

节操

节操又称气节、志气、骨气，表示个人行为和品质修养的道德概念，即自觉地控制自己的情绪和欲望，约束自己的行为。一般说来，节操有两种作用：一种就内部而言，它表示对一定的政治理想、道德理想的矢志不渝的信仰，并为此作出贡献；一种就外部而言，为国家、为民族的利益而献身，这种节操在历史上起着不同程度的进步作用。节操与一定的政治信仰有关，不同的阶级提倡不同的节操。无产阶级的节操要求无产阶级战士无论何时何地，都坚持共产主义信仰，坚持人民大众的利益，做到"富贵不能淫，贫贱不能移，威武不能屈"。

同情

同情是对别人的遭遇或行动在感情上产生共鸣。同情也是仁爱的一种表现形式,也是对他人的一种态度。这种态度的基础是承认他人的需要和利益的合法性,它表现为对他人的感情和思想能够理解,对他人的愿望能给予道义上的支持,并准备促进这些愿望的实现。同情是一个人作为社会的人最简单,同时又是最基本的一种特性。同情可以以一定的方式限制人们的利己主义,因而就使每个人将自己摆到他人的位置上,并认为他人同自己一样。共产主义道德中的同情品质要求给予人们真正的帮助,这种帮助必须符合他们的实际利益,而不应有任何的附加目的。

责任

责任属于道德范畴之一，指人们意识到的、自愿承担的对社会、集体和他人的道德责任。在伦理学意义上，责任同职责、使命、义务具有相同含义，就是个人对社会和他人所承担的一定责任，以及社会和他人对个人行为的要求。责任来源于人们的社会关系，生活在一定社会关系和利益关系中的人们，必须要承担一定的责任和使命，而人们对这种责任和使命的理解、体验在内心形成一种道德义务观念和义务感，并转变成符合这种义务要求的道德行为。责任是以自觉自愿为前提，不以获得某种对应的权利和报偿为目的。这是责任的重要特征。

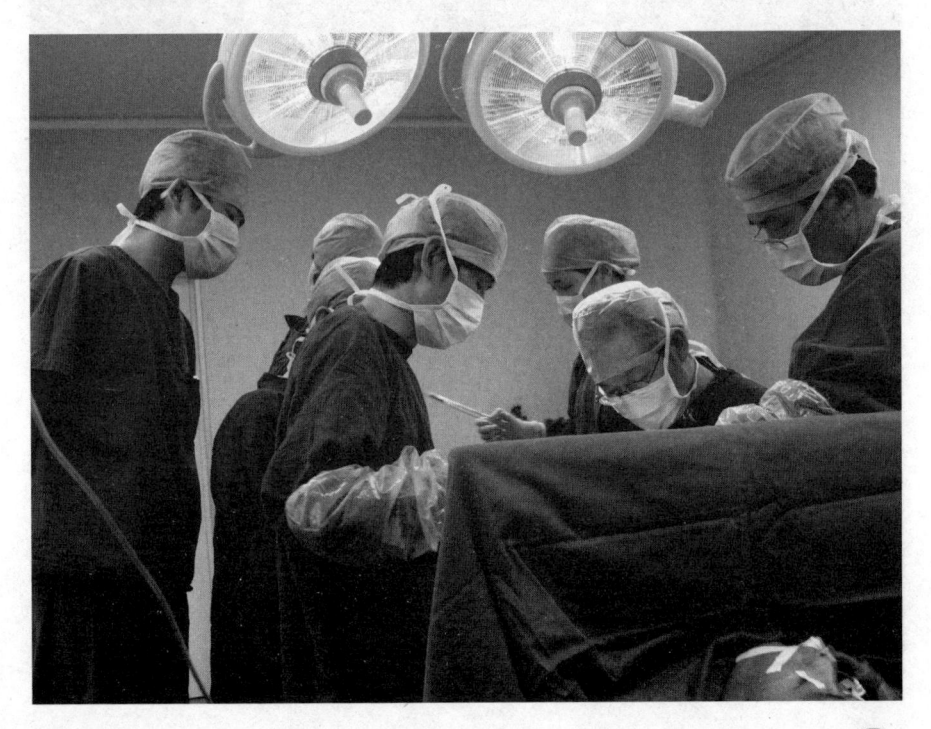

友谊

友谊是重要的道德范畴之一，是建立在利益一致和相互信任基础之上的个人或集体间的一种密切关系。它能反映人们在交往中的行为职能和情感表达职能的交互作用及其历史发展的过程。在社会主义社会，友谊建立在理想、志趣、爱好、气质等方面的一致和相互了解、相互批评、相互帮助、共同进步的思想基础之上。友谊具有重要的社会道德价值，比同志关系更具有个性和选择性，是一种纯洁而美好的感情，对人们的工作和生活能够起到巨大的促进作用。

勇敢

勇敢是人类在征服自然和改造社会的斗争中所形成的宝贵品质之一，体现着人类为自身的生存和发展而英勇奋斗的精神。勇敢是指为正义而斗争的胆量，不怕危险和困难的精神。随着社会的发展，勇敢不仅表现在人直接征服自然力的斗争和正义的战争中，还大量地表现在文化、科学和艺术的发明创造之中，以及追求真理和社会进步的各种事业中。勇敢只有同一定的内容和目的联系起来才具有道德价值。在社会主义建设中，勇敢还突出地表现为首创精神、开拓精神和惩恶扬善的斗争精神。

诚实

　　诚实是说明人的特征的一种道德品质，指一个人的言行和内心思想相一致的良好品德，即忠诚老实。诚实的根本特征在于实事求是，就是把说真话，对别人对自己都不掩盖、不歪曲事实的真相作为坚定不移的准则。诚实的要求是全人类性的，都会受到社会的严厉谴责。从小养成诚实的品德非常重要。诚实是做人的最基本的品质，诚实表现在许多方面。在学习上不投机取巧；对集体和他人不撒谎，不隐瞒自己的过失，也不袒护、包庇他人的错误；对工作和劳动采取诚实的态度，不弄虚作假；勇于开展批评和自我批评等，都是诚实的表现。

信仰

信仰最早起源于人类对天地及祖先的崇拜，随着社会意识形态的不断进步，信仰是对某人或某种主张、主义、宗教的极度相信或尊敬，拿来作为自己行动的榜样或指南。近、现代历史表明，社会主义和共产主义理论、理想、制度、事业、道德是有可靠科学根据的，合乎社会发展的客观必然，因此，是我们全体社会成员的共同信仰。新时代的信仰体现为"四个自信"，即"道路自信、理论自信、制度自信、文化自信"。